La oración de Jesús en la vida del predicador

Geoff New

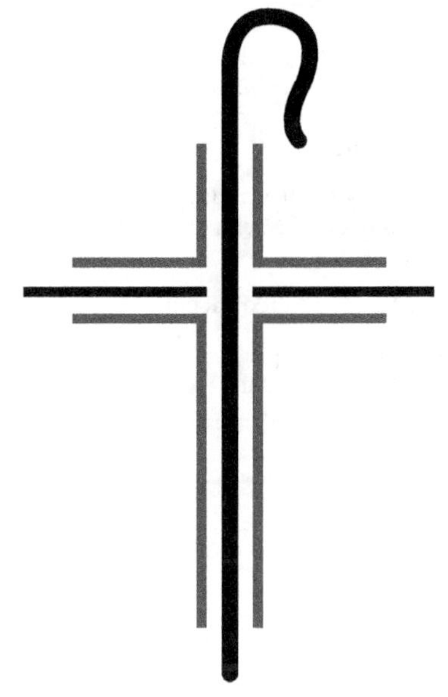

La oración de Jesús en la vida del predicador

EDICIONES puma

SERIE RECURSOS LANGHAM PREDICACIÓN

La oración de Jesús en la vida del predicador
Geoff New

Título original en inglés: Echoes … The Lord's Prayer in the Preacher's Life
Langham Partnership, Carlisle, Cumbria, United Kingdom
© 2020 Geoff New
© 2020 Langham Preaching Resources

© 2022 Centro de Investigaciones y Publicaciones (CENIP) – Ediciones Puma
Hecho el Depósito Legal en la Biblioteca Nacional del Perú N° 2022-06808
Primera edición impresa: julio 2022

Categoría: Religión - Estudios bíblicos - Predicación

ISBN N° 978-612-5026-18-7 | Edición impresa
ISBN N° 978-612-5026-19-4 | Edición digital

Editado por:
© 2022 Centro de Investigaciones y Publicaciones (CENIP) – Ediciones Puma
Av. 28 de Julio 314, Int. G, Jesús María, Lima
Apartado postal: 11-168, Lima - Perú
Telf.: (511) 423–2772
E-mail: administracion@edicionespuma.org | ventas@edicionespuma.org
Web: www.edicionespuma.org
Ediciones Puma es un programa del Centro de Investigaciones y Publicaciones (CENIP)

Traducción y edición: Alejandro Pimentel
Diseño de carátula: Eliezer D. Castillo P.
Diagramación: Hansel J. Huaynate Ventocilla

Esta traducción se publica por acuerdo con Langham Publishing.

Salvo indicación especial, las citas bíblicas se han tomado de la Nueva Versión Internacional © 1999 por la Sociedad Bíblica Internacional.

ISBN N° 978-612-5026-18-7

Para Pablo,

    mi profesor, quien hace veinticinco años me enseñó a predicar, y no ha cesado de hacerlo.

Contenido

Primera parte
El Padrenuestro tal como se oyó en la vida de Jesús

Segunda parte
El Padrenuestro tal como se oyó en la muerte de Jesús

Prólogo a la edición en español

¡Ojo, pestaña y ceja!

Con este dicho de mis ancestros,[1] quiero dirigirme a ti, lector, para recordarte que debes prestar mucha atención con tu mente y corazón a este relativamente breve libro. Se trata de una obra dirigida especialmente a pastores y predicadores, pero no necesariamente excluye a otros lectores ya que su contenido es útil para todo estudiante de la Biblia. Tal como su autor lo ha indicado, el contenido gira en torno al Padrenuestro y cómo este puede ayudar a la formación del predicador y establecer un sólido fundamento en su vida.

Cuando nos referimos a formación y fundamento, lo primero que se nos viene a la mente es la educación de jóvenes que aspiran servir a Dios en el ministerio pastoral y que tienen la vocación de la predicación de la Palabra. Pero no es así. Tal como Geoff New lo ha mencionado a lo largo de este libro, la formación y el fundamento del predicador jamás debe detenerse, es un proceso que se lleva a cabo toda una vida. Además, es un «proceso comunal», nos ha dicho New, porque la predicación es sencillamente un evento comunal donde interactúan varios elementos, entre ellos la mismísima Palabra de Dios, el predicador y la congregación.

Me he esmerado por producir una traducción del original en inglés que no solo suene a español, sino que también llegue a los corazones del lector hispanohablante. De esta manera, el Espíritu de Dios hará su obra en las mentes y corazones del lector.

---

[1] Parece que el origen de este dicho se remonta al Virreinato del Perú, cuya influencia lingüística no solo se limitó a las costas occidentales de Sudamérica sino a muchas regiones circunvecinas del continente.

Los antiguos, mejor dicho, los muy antiguos decían *caveat lector…*, que literalmente significa «hazle saber al lector» … que las anécdotas de este libro te tocarán el alma y tus sentimientos. Puedo correr el riesgo de ser vulnerable por unos segundos y decirte que por más de treinta años yo también fui predicador. Lo soy ahora en calidad de semijubilado, pero la verdad es que nadie se jubila del todo del llamado del Señor. Así que, durante el proceso de traducir aquellas frases difíciles del inglés, aquellos términos polisémicos, aquellos modismos extraños y aquellos recovecos del lenguaje, pude también experimentar pequeños viajes hacia lo profundo de mi alma. Demás está decir que Geoff New también lo hizo así.

Pero, el libro no trata de la vida de Geoff New ni de mis virtudes de traductor. El libro da a conocer las propias palabras de Jesús por medio del Padrenuestro y otros relatos de los evangelios en torno a las Siete Palabras de la cruz. Serán aquellas palabras las que sondeen tu alma y te permitan lograr una mejor formación y establecer un sólido fundamento para tu vida de predicador.

Alejandro Pimentel

Prefacio

Era la mañana del 4 de noviembre de 2010. El vuelo QF32 de la aerolínea Qantas despegó de Singapur con destino a Sidney, Australia. Eran 440 pasajeros y 29 tripulantes en un avión Airbus A380, uno de los más seguros del mundo. A pocos minutos de despegar, estalló uno de los cuatro motores. El A380 tenía 22 sistemas; 21 de ellos quedaron dañados o destruidos por la explosión. Por toda la cabina se oían señales estridentes de alarma y la computadora de vuelo mostraba más de 100 códigos para que la tripulación los verificase. Nunca antes había sucedido esto. Partes del fuselaje del motor habían caído sobre casas y edificios en la isla de Batam, algunas de ellas sobre el tejado de un colegio. Una de aquellas partes mostraba el logo de Qantas (un canguro volador), lo cual produjo que se creyese que el avión se había estrellado. Durante dos horas la tripulación, junto con el capitán Richard de Crespigny, mantuvieron la nave en vuelo mientras intentaban determinar los daños hasta que lograran aterrizar en el aeropuerto de Changi. De no haber sido por la destreza del capitán y su tripulación, el incidente habría sido uno de los peores desastres aéreos del mundo.

Inspirándose en el número de vuelo, el capitán Richard de Crespigny escribió un libro en torno a aquella experiencia y sencillamente lo tituló *QF32*. Me entusiasmé por leer acerca de este drama aéreo, y cuando empecé a leerlo, inmediatamente me cautivó la crisis. A los cuatro minutos de vuelo, estalló el motor. Hasta ahí todo iba bien. El relato es fascinante e interesante. Pero, de pronto cambia por completo. Se detiene la acción. Se retrocede en el tiempo hasta llegar a la niñez y la familia de Crespigny. De hecho, el relato retrocede siglos porque el autor se dedica a explicar los orígenes de su apellido.

Me sentí decepcionado. Quería leer acerca de la crisis en pleno vuelo, y más bien ahora tenía en frente una descripción genealógica de aquella familia y su vida en Australia. Sin embargo, poco a poco me fui dando cuenta de que esta parte era necesaria para el relato. La experiencia de Crespigny muchos años antes lo habían preparado para esta emergencia aérea en noviembre de 2010. Esta parte cuenta las experiencias que lograron formarlo como persona y que establecieron el fundamento para una carrera profesional de experimentado piloto. El libro narra un incidente en el que se puede comprobar esto de una manera muy convincente.

Cuando Crespigny cumplió 18 años, se enroló en la Real Fuerza Aérea Australiana. Durante su primer vuelo de entrenamiento, el instructor le ordenó que pusiera el avión en barrena, lo cual causó que perdiera altitud rápidamente. Crespigny describe el sentimiento de terror al ver que los campos de cultivo se le acercaban mientras el avión se precipitaba sin control hacia tierra. Volteó la mirada al instructor. Este sencillamente lo miró sonriendo y cruzado de brazos sin hacer nada. No lo iba a ayudar. Le guiñó el ojo y le apuntó con el dedo. El instructor estaba enseñándole a este joven e inexperto piloto que debía respetar las leyes de la gravedad, la velocidad y el peso. Le estaba dejando un sólido fundamento en su vida. Aquel día, Crespigny aprendió que sin que importara cuán compleja fuera la nave de vuelo, el piloto debía saber volarla. Estas experiencias de la vida lo estaban formando para aquella situación impensable años más tarde en el vuelo QF32, lo cual hizo que lograra salvar cientos de vidas.

Mientras leía este relato del piloto, me vino a la mente la vida del predicador. Pensé en la manera en que Dios da forma a su vida a lo largo de los años. Pensé en aquellas experiencias de la juventud que moldean su carácter y vocación, las cuales, muchos años más tarde, se manifiestan por medio de los sermones predicados y la vida que se vive para Cristo. Me preguntaba acerca de la obra del Espíritu que nos prepara, como decía Ester, «precisamente para un momento como este» (Est 4.14). El presente libro trata sobre la experiencia de la formación.

Me impactó la dura lección que recibió el joven piloto de 18 años acerca del respeto que se le debe tener a las fuerzas físicas en pleno vuelo. La gravedad, la velocidad y el peso ponen constantemente a prueba las habilidades del piloto. Su instructor le estaba dejando bien en claro un buen fundamento. Una vez más, su historia empezó a hablarme acerca de la historia del predicador. ¿Cuáles son las fuerzas que prueban constantemente sus destrezas? Quizá tenga a mano recursos de investigación o acceso a tecnología que pueda ayudarlo en la preparación y presentación del sermón, pero ¿qué fundamento debe conseguir? Este libro trata acerca de dicho fundamento.

La formación y el fundamento del predicador: estar consciente de ambos componentes y saber apreciarlos es algo necesario. En el ministerio de la predicación, los predicadores pueden cometer el error de concentrarse solamente en el siguiente sermón sin considerar quién es la persona que predica. Tu sermón no muestra solamente el pasaje bíblico que estás predicando; también da a conocer a quien lo predica. Es probable que tu persona no se manifieste de inmediato o en cada ocasión, pero en última instancia serás conocido. La predicación es un hecho comunal, y el carácter y la vocación del predicador serán experimentados por la comunidad por medio del sermón. No sucederá de inmediato en todos los casos, pero ocurrirá. Esta es la razón por la que la formación y el fundamento en Cristo son tan importantes para el predicador. Ninguno de los pasajeros del vuelo QF32 conocía la formación y el fundamento que recibió el capitán como piloto, pero estos dos componentes fueron los que literalmente salvaron las vidas de los pasajeros. Durante la crisis en pleno vuelo, la formación y el fundamento fueron vitales, y la verdad en torno a su vida fue experimentada por cientos de personas en aquel avión. Tú, en calidad de predicador, has recibido el encargo de predicar la palabra de Dios, y esto es un asunto de vida o muerte. Como predicador, tu formación y tu fundamento son vitales.

Para ser más precisos en cuanto a ello, cambiemos nuestra atención del relato del piloto al del predicador. En 2 Timoteo 1.3–14 el apóstol Pablo escribe al joven predicador Timoteo, a quien le recuerda su formación y fundamento. Leamos este pasaje con detenimiento:

> Al recordarte de día y de noche en mis oraciones, siempre doy gracias a Dios, a quien sirvo con una conciencia limpia como lo hicieron mis antepasados. Y, al acordarme de tus

lágrimas, anhelo verte para llenarme de alegría. Traigo a la memoria tu fe sincera, la cual animó primero a tu abuela Loida y a tu madre Eunice, y ahora te anima a ti. De eso estoy convencido. Por eso te recomiendo que avives la llama del don de Dios que recibiste cuando te impuse las manos. Pues Dios no nos ha dado un espíritu de timidez, sino de poder, de amor y de dominio propio.

Así que no te avergüences de dar testimonio de nuestro Señor, ni tampoco de mí, que por su causa soy prisionero. Al contrario, tú también, con el poder de Dios, debes soportar sufrimientos por el evangelio. Pues Dios nos salvó y nos llamó a una vida santa, no por nuestras propias obras, sino por su propia determinación y gracia. Nos concedió este favor en Cristo Jesús antes del comienzo del tiempo; y ahora lo ha revelado con la venida de nuestro Salvador Cristo Jesús, quien destruyó la muerte y sacó a la luz la vida incorruptible mediante el evangelio. De este evangelio he sido yo designado heraldo, apóstol y maestro. Por ese motivo padezco estos sufrimientos. Pero no me avergüenzo, porque sé en quién he creído, y estoy seguro de que tiene poder para guardar hasta aquel día lo que le he confiado.

Con fe y amor en Cristo Jesús, sigue el ejemplo de la sana doctrina que de mí aprendiste. Con el poder del Espíritu Santo que vive en nosotros, cuida la preciosa enseñanza que se te ha confiado. (2Ti 1.3–14)

Pablo anima a Timoteo a que siga profundizando su formación y fundamento en Cristo; lo hace de una manera individual y luego combina los dos elementos. Estos dos temas de la formación y el fundamento son como hebras entrelazadas que recorren toda esta parte de las Escrituras. A veces una de las hebras se separa y en otras ocasiones las dos se entrelazan. Pensemos que la formación y el fundamento son como gemelos. Son idénticos; sin embargo, cada uno tiene su propia personalidad. Con ello en mente, y para ser más claros, consideremos las distintas personalidades de la formación y el fundamento que se describen en 1 Timoteo 1.3–14.

La formación

Pablo le recuerda a Timoteo (y a nosotros) que nos dediquemos a nuestra formación avivando la llama del don de Dios que recibimos (2Ti 1.6) por medio de su Espíritu, que nos da poder, amor y dominio propio (2Ti 1.7). También, que debemos soportar y padecer sufrimientos (2Ti 1.8, 12) y confiar en quien hemos creído (2Ti 1.12). Asimismo, que, sabiendo que Dios guarda lo que le hemos confiado, también nosotros, con la ayuda del Espíritu, guardemos la preciosa enseñanza que se nos ha confiado (2Ti 1.12, 14). Esta clase de formación es capaz de edificar un sólido fundamento en nuestra vida. Tu formación de predicador es valiosa.

El fundamento

Pablo le recuerda a Timoteo (y a nosotros) las personas clave que establecen el fundamento de nuestra fe desde que somos muy jóvenes (2Ti 1.5), así como el de la salvación, la vocación y el propósito de Dios (2Ti 1.9). Igualmente, el de la gracia de Cristo Jesús que nos concedió antes del comienzo del tiempo (2Ti 1.9) y el de la sana doctrina que aprendimos de Pablo (2Ti 1.13). Estos fundamentos propician una sólida formación en nuestra vida. Tu fundamento de predicador es valioso.

Pero ¿cómo debemos ocuparnos de todo lo que está contenido en el consejo de Pablo a Timoteo?, ¿cómo ocuparnos del trabajo espiritual necesario para que nuestro carácter y vocación de predicadores pueda desarrollarse? Necesitamos un instructor de vuelo. Dicha persona podría ser un Pablo (2Ti 1.12) o una Loida o Eunice (2Ti 1.5). Sea quien fuere, necesitamos alguien en quien podamos confiar (2Ti 1.12). Puede ser que a veces nuestra vida se encuentre en una caída de barrena y sea necesario que alguien esté presente para enseñarnos a usar aquella experiencia para aprender a salir adelante y mejorar nuestro ministerio. Necesitamos de alguien que nos ayude a encontrar el mensaje de Dios en lo que pareciera momentos y experiencias irrelevantes. Necesitamos especialmente alguien que nos ayude a discernir la presencia de Dios en situaciones alarmantes, que son tan dramáticas que nos obsesionamos con la situación en vez de descubrir que siempre está presente.

Claro que dicha persona es Jesucristo. Una de las maneras en que Él se ocupa de nuestra formación y fundamento es por medio de aquella oración por excelencia, el Padrenuestro (Mt 6.9–13). Lucas nos cuenta la ocasión en la que los discípulos observaron a Jesús orar y luego le pidieron «Señor, enséñanos a orar» (Lc 11.1). Este libro pide lo mismo. Escucharemos a Jesús orar el Padrenuestro. Sin embargo, Él no solo pronunció las palabras de esta oración, sino que también las encarnó. Nos damos cuenta del patrón del Padrenuestro en el patrón de la vida, la muerte y la resurrección de Jesús. En los evangelios, los discípulos se encontraron con las palabras y las obras de Cristo a lo largo de su vida, su muerte y su resurrección; haremos lo mismo al encontrarnos con el Padrenuestro. Por medio de una serie de devocionales en torno a la manifestación de este por parte de Jesús, lograremos experimentar la formación que Él nos ofrece y también establecer el fundamento de nuestro llamado a ser predicadores.

Por tanto, este libro ha sido escrito con la esperanza de que te pueda servir de ayuda para profundizar y ampliar tu carácter y llamado de predicador; con la aspiración de que tu formación logre ampliarse y se fortalezca tu fundamento.

> *Efesios 3.20–21*
> Al que puede hacer muchísimo más que todo lo que podamos imaginarnos o pedir, por el poder que obra eficazmente en nosotros, ¡a él sea la gloria en la iglesia y en Cristo Jesús por todas las generaciones, por los siglos de los siglos! Amén.

Cómo sacarle provecho
a este libro

Ya conocemos bien el Padrenuestro, quizá demasiado; por ello, es posible que ignoremos su poder y lo recitemos sin tomar conciencia de su contenido. Te invitamos a que lo consideres desde una nueva perspectiva. Sería algo parecido al ciego que necesitó que Jesús lo tocara una segunda vez (Mr 8.22–26): la primera, vio a los demás como si fueran árboles que caminaban; y la segunda, recién pudo ver. O sería como María cuando fue al sepulcro (Jn 20.11–16). Ella también necesitó ver por segunda vez. La primera, vio al que cuidaba el huerto; y la segunda, se dio cuenta de que era el mismísimo Cristo resucitado.

Este libro se basa en la versión del Padrenuestro que encontramos en Mateo 6.9–13:

Ustedes deben orar así:

«Padre nuestro que estás en el cielo,
    santificado sea tu nombre,
    venga tu reino,
    hágase tu voluntad
        en la tierra como en el cielo.
    Danos hoy nuestro pan cotidiano.
    Perdónanos nuestras deudas,
        como también nosotros hemos perdonado a
            nuestros deudores.
    Y no nos dejes caer en tentación,
    sino líbranos del maligno».

Esta oración aparece en medio de las enseñanzas de Jesús que se conocen como el Sermón del Monte (Mt 5–7).

La introducción

En esta sección explicaremos de qué se trata el Padrenuestro y la razón clave por la que aparece en el Sermón del Monte. Es imprescindible que leas primero esta introducción antes de pasar a las demás partes del libro.

Las partes

El resto del libro se ha organizado en tres partes: (1) La vida de Jesús; (2) La muerte de Jesús; (3) La resurrección de Jesús. Cada una recurrirá a pasajes del evangelio para ilustrar y aclarar cada frase del Padrenuestro. Cada parte nos ayudará a oír y comprender el Padrenuestro de una nueva manera.

Los pasajes del evangelio que hemos elegido para la vida de Jesús (Lc 18.1–19.10), la muerte de Jesús (las Siete Palabras) y la resurrección de Jesús (Jn 20.11–29; 21.1–23) representan el tiempo antes y durante su crucifixión y posterior a su resurrección. Así que, si bien las citas que usaremos provienen de todos los evangelios, se concentrarán en un periodo específico durante el ministerio de Jesús.

Las palabras y los hechos de Jesús contenidos en estos pasajes nos ayudarán a profundizar nuestra experiencia de predicadores en torno al Padrenuestro y a que logremos oírlo de una nueva manera. Cuando escuchemos el Padrenuestro en la vida, la muerte y la resurrección de Jesús, empezará a resonar en nuestras vidas y ministerios de predicación.

Los capítulos

Luego de haber leído la introducción, podrás pasar a los capítulos en cualquier orden o secuencia. Te darás cuenta del tiempo en que te encuentras y de lo que necesitas. Podrás leer cada uno como parte de tus devocionales diarios (para grupos o individuos) o, sencillamente, según tus gustos, eligiendo el que creas que te será de ayuda.

Lee con detenimiento y en voz alta

Cada capítulo empieza con una parte de las Escrituras. Nos concentraremos en esta.

- Lee las Escrituras con detenimiento y en voz alta.
- Cuando leemos las Escrituras con detenimiento y en voz alta, nos es posible concentrarnos en las palabras de una mejor manera. Así será menos probable que nos salteemos palabras, como sucede cuando leemos en silencio. De hecho, descubrirás lo valioso que es leer partes de las Escrituras en voz alta dos o tres veces antes de pasar al siguiente capítulo.
- Cuando hayas terminado tu lectura de las Escrituras, guarda un momento de silencio en la presencia de Dios. Calma tu corazón. Presta atención a su voz.

Los relatos

A lo largo de este libro te darás cuenta de que recurro a relatos que nacen de mis experiencias como predicador, pastor y maestro de predicación. ¿Por qué lo hago?

Una vez Jesús preguntó a sus discípulos: «¿Quién dice la gente que soy yo?» (Mr 8.27). Le dieron varias respuestas según lo que la gente decía de Él. Entonces, volvió a preguntarles, pero de una manera mucho más personal: «Y ustedes, ¿quién dicen que soy yo?» (Mr 8.29). Cuando los discípulos respondieron con las respuestas que los demás decían de Jesús, pudieron distanciarse y evadir el asunto. Demostraron que aún no querían comprometerse con alguna respuesta. Podían esconderse detrás de las respuestas de otros. Sin embargo, cuando les preguntó lo que *ellos* pensaban, la situación tomó un giro distinto. La respuesta que estaban por decir los comprometería. Su respuesta revelaría la manera en que se relacionaban con Jesús. Su pregunta los acercaría de una manera mucho más íntima y profunda.

La razón por la que recurro a relatos de mi vida es para ofrecer una respuesta a las citas de las Escrituras que se usan en este libro. Durante el proceso de reflexión sobre ellas, me es necesario ofrecer respuestas. Las Escrituras me preguntan: «Y tú, ¿quién dices que soy yo?», y como resultado de ello, me atraen con mayor proximidad y profundidad. Los relatos que comparto son mis respuestas, que espero te ayuden a acercarte más a las Escrituras. Los comparto para que tú también puedas compartir tus propios relatos en respuesta a la pregunta de Jesús: «Y tú, ¿quién dices que soy yo?». Ofrezco mis relatos a manera de invitación para que puedas recordar los tuyos en respuesta a las Escrituras y el Padrenuestro. Deseo que cuando lo hagas puedas experimentar al Autor de la vida y la huella que dejará en ella.

Introducción

El Padrenuestro

Ver y oír

Mateo 6.9–13

Ustedes deben orar así:

«Padre nuestro que estás en el cielo,
    santificado sea tu nombre,
    venga tu reino,
        hágase tu voluntad
en la tierra como en el cielo.
Danos hoy nuestro pan cotidiano.
Perdónanos nuestras deudas,
    como también nosotros hemos perdonado a
        nuestros deudores.
Y no nos dejes caer en tentación,
sino líbranos del maligno».

Veamos ahora el lugar, el poder y el propósito del Padrenuestro.

¿Me ves? ¿Me oyes?

Cuando Jesús enseña el Padrenuestro, lo ubica en el contexto de las costumbres judías respecto a cómo llevaban a cabo tres actividades religiosas: ofrendar, orar y ayunar (Mt 6.1–8, 16–18). Ciertas personas de aquella época realizaban estas actividades tan solo para ser vistas y oídas por los demás. Querían que sus buenas obras fueran oídas y vistas por todas las personas. Así que, cuando ofrendaban para los pobres, lo anunciaban en las sinagogas y en las calles. Deseaban que sus buenas obras fueran vistas por toda la gente. Por ello, cuando oraban, lo hacían de pie en las sinagogas y en las esquinas de las calles. Si ayunaban, sus rostros demacrados lo revelaban todo de una manera obvia. Jesús les dijo que eran unos hipócritas y que ya habían recibido su recompensa: haber sido vistos y oídos por todos. Se sentían reconocidos por aquellos que habían comprobado su supuesta devoción a Dios. Cuando Jesús ofrece estos ejemplos de obras espirituales, exhibe aquellos deseos humanos que están presentes en todos nosotros, en cierto grado u otro:

1. Quiero que todos me vean.
2. Quiero que todos me oigan.

Desde los más extrovertidos hasta los más cohibidos, la gente guarda aquel sentimiento de querer saber que son conocidos. Los ejemplos de Jesús también exhiben que, en el intento por ser vistos y oídos, nos enfrentamos a tres preguntas:[2]

1. ¿A quién quiero impresionar?
2. ¿Qué recompensa o gratificación quiero lograr?
3. ¿Quién quiero llegar a ser?

Las personas a quienes Jesús describe en Mateo 6 quieren impresionar a los demás; la gratificación es recibir la admiración de estos, y en el proceso se han vuelto hipócritas. De hecho, Jesús dice que algunas de sus oraciones son como las de los paganos (Mt 6.7). Entonces, y ¿qué de nosotros? Efectivamente, sufrimos del mismo deseo o necesidad de ser vistos y oídos. Este deseo no es algo malo, pues revela la necesidad humana de recibir dignidad, respeto y la seguridad de que pertenecemos a una comunidad social. Estos deseos no son pecaminosos en sí mismos, pero sí puede serlo el modo en que buscamos satisfacerlos. Los ejemplos de Jesús nos ilustran las

---

[2] Al final de cada capítulo se incluyen preguntas adicionales. Además de ellas, puedes repasar estas tres preguntas cuando lo desees.

maneras nada saludables que la gente usa para satisfacer aquellos deseos.

La forma en que la gente nos ve y oye como predicadores

Nuestras vidas de predicadores están en la vitrina pública. La predicación exige que se nos oiga y vea. Cuando hablamos y hacemos algo, sucede a oídos de una comunidad de personas. Según el contexto respecto a las descripciones de Jesús acerca de los hipócritas en Mateo 6, tenemos el reto de examinarnos y determinar a quién queremos impresionar, qué sentimientos de gratificación esperamos recibir y en quiénes nos estamos convirtiendo. El reto consiste en formar parte de un ministerio que se vea y oiga, pero evitando que nos convirtamos en hipócritas. Mientras reflexionamos respecto a estos retos, Jesús nos ofrece una manera de examinar, explorar y expandir nuestras vidas: el Padrenuestro (Mt 6.9–13). Contrariamente a lo que hacían los hipócritas en Mateo 6, Jesús aconseja a sus discípulos que vayan a sus habitaciones, cierren la puerta y oren al Padre «que está en lo secreto» (Mt 6.6). Exhorta a sus discípulos a que cumplan obras de justicia en secreto: «Así tu Padre, que ve lo que se hace en secreto, te recompensará» (Mt 6.4, 6, 18). Luchar con el Padrenuestro en tu cuarto y con la puerta cerrada quizá sea uno de los hábitos espirituales más importantes como predicador. Orar el Padrenuestro es la mejor manera de ser visto y oído por la mejor persona que existe: nuestro Padre celestial. El Padrenuestro «nos *libera* de aquella ansiedad universal que aqueja el corazón. Nos libera de la ansiedad respecto a si estamos orando de una manera que le agrada a Dios».[3] El Padrenuestro nos asegura que Dios nos ve y nos oye.

Una oración muy conocida

Conocemos muy bien el Padrenuestro. Para algunas personas, quizá esta oración se haya vuelto demasiado conocida, por lo que ha perdido su efecto. Me encontraba preparándome para dirigirme al

---

3 Johnson, *Fifty–Seven Words*, 13. Énfasis en el original.

público en una conferencia de la iglesia, y había decidido usar cinco sesiones de una hora en torno al tema del Padrenuestro. Antes de la conferencia, me encontré con participantes que cuestionaron mi tema de conversación. Uno de ellos fue directo: «Pensé que la iglesia ya conoce el Padrenuestro. ¿Cuál es la razón de hablar de ello?». Le respondí: «Justamente de ello se trata. Lo conocemos, creemos que lo conocemos y, sin embargo, no lo conocemos». Me volvió a preguntar: «Y entonces, ¿de qué vas a hablar?». Me tomé unos segundos antes de responder. A estas alturas ya llevaba muchos años estudiando el Padrenuestro y luchando con su contenido. Muchas respuestas se me vinieron a la mente. Decidí elegir la que había estado dominando mi pensamiento: «Es urgente que lo hagamos». Lo más común que me ha tocado oír es el Padrenuestro como si fuera un maullido de gato. Sin embargo, se trata de la oración que nos fue enseñada por el León de la tribu de Judá y debe sonar como un rugido. Esta oración es fuerte y exigente.

Una oración del Éxodo

En el Evangelio de Mateo, en el registro del Sermón del Monte, Jesús sube a la montaña, se sienta en la ladera y empieza a enseñar al pueblo (Mt 5.1–2). Se trata de un reflejo del pasaje cuando Moisés recibe la ley en el monte Sinaí y enseña al pueblo de Israel (Éx 19–23). Jesús aparece como el nuevo Moisés que trae una nueva ley y dirige al pueblo hacia un nuevo éxodo. Ahora que enseña su nueva ley, enseña también una nueva oración que se encuentra en medio de esta ley: una oración del éxodo. Se trata de una oración que le pide a Dios que nos libere, incluyendo al mundo, de todo lo que nos esclaviza. Lo importante de esta oración se hace evidente porque se ubica en medio del Sermón del Monte (Mt 5–7). Funciona como si fuera un espejo ubicado en el centro de ese sermón. Todo lo que Jesús dijo antes del Padrenuestro se refleja después. Observemos la manera en que se manifiesta esto:

Jesús y las multitudes (Mt 5.1–2)

    Los dichosos (Mt 5.3–12)

        El mundo los ve y he venido a cumplir la ley y los profetas (Mt 5.13–20)

            Vivir según la ley de Cristo (Mt 5.21–48)

                Ofrendar y orar delante de Dios (Mt 6.1–6)

                    El peligro de las oraciones vanas (Mt 6.7–8)

                      El Padrenuestro (Mt 6.9–13)

                    El peligro del falso perdón (Mt 6.14–15)

                El ayuno para Dios (Mt 6.16–18)

            Vivir según la voluntad de Dios (Mt 6.19–7.6)

        Resumen de la ley y los profetas y Dios nos oye y ve (Mt 7.7–12)

    Los que serán juzgados (Mt 7.13–27)

Jesús y las multitudes (Mt 7.28–8.1)

El Padrenuestro es el Sermón del Monte, pero en formato de oración. Lo que este enseña y exige ha sido resumido en esa oración por excelencia. No solo nos asegura que Dios nos verá y oirá; también nos guía en nuestro intento por impresionar al Padre celestial, por lograr de Él alguna recompensa y aspirar a volvernos la persona que nos ha llamado a ser.

Una oración urgente

Una de las oraciones más comunes es la petición.[4] Se trata de reconocer que tenemos la constante necesidad de la obra y la palabra de Dios en nuestra vida. Cuando presentamos una petición delante de Él, le pedimos lo que necesitamos. Reconocemos que no tenemos poder ni control sobre nuestras vidas, y que nos volvemos a Dios para que obre y se manifieste. Cuando le pedimos, le decimos: «Señor, tú y yo estamos

---

4 Por ejemplo: «No se inquieten por nada; más bien, en toda ocasión, con oración y ruego, presenten sus peticiones a Dios y denle gracias» (Fil 4.6).

relacionados». La petición es la clase de oración que más comúnmente oramos a menudo, la que realizamos cuando con humildad reconocemos que somos seres inferiores y que Dios es superior. Sin embargo, las palabras y las frases (las peticiones) que conforman el Padrenuestro son sorprendentemente directas. El lenguaje es directo y firme. Cada parte de la oración es más un mandato que una petición o solicitud.[5] En el tiempo y la cultura en los que Jesús la enseñó, nadie se hubiera dirigido a sus superiores de la manera directa en la que el Padrenuestro se dirige a Dios.[6] Sin embargo, Cristo nos anima a orar al Padre celestial justamente de esta manera directa.

Las primeras tres peticiones (santificado sea tu nombre; venga tu reino; hágase tu voluntad) han sido escritas de una manera en la que proclamamos con reverencia que solo Dios puede cumplir lo que se dice.[7]

Si bien es cierto que la primera parte suena a mandato, no se le dice a Dios exactamente lo que debe hacer. El sentido es más como «Padre, esto es lo que debe suceder y solo tú lo puedes hacer. Así que, Padre, solo tú puedes santificar tu nombre; solo tú eres capaz de hacer que tu reino venga; y solo tú puedes cumplir tu voluntad en la tierra. Nosotros somos incapaces de hacerlo; por ello, te necesitamos». Las primeras tres peticiones son una combinación de reverencia, claridad y dependencia. Esta parte de la oración dice: «¡Que sea hecho!».[8]

La segunda parte (danos; perdónanos; no nos dejes caer; líbranos) se vuelve más directa y firme. La oración está llena de energía, pasión, intensidad y desesperación. Considera esto. Las palabras del Padrenuestro son peticiones que en realidad son mandatos; en términos gramaticales, son imperativos que exigen algo. De este modo, por ejemplo, las cuatro últimas peticiones del Padrenuestro tienen la misma intensidad que los gritos de los discípulos cuando estaban aterrorizados en la barca en medio de la tempestad (Mt 8.25), cuando

---

5 Johnson, 19–21. Las observaciones en cuanto al lenguaje y los verbos del Padrenuestro aparecen en la mayoría de los comentarios bíblicos. Johnson ofrece un resumen sencillo y útil de las investigaciones sobre el Padrenuestro. Me he referido a su labor de investigación para esta parte del capítulo.

6 Johnson, 19–20.

7 Scaer, *Sermon on the Mount,* 162 y 163.

8 Johnson, *Fifty-Seven Words,* 21.

Pedro clamó a Jesús al hundirse en el agua (Mt 14.30) y cuando la mujer cananea le rogó a Jesús que sanara a su hija endemoniada (Mt 15.22).[9] Es decir, el Padrenuestro se entona con la misma fuerza que si tuviéramos que clamar «¡Señor, sálvame!» (Mt 14.30) y «¡Señor, Hijo de David, ten compasión de mí! Mi hija sufre terriblemente por estar endemoniada» (Mt 15.22). Por ello, si la primera parte del Padrenuestro dice «¡hágase!», la segunda parte dice «¡hazlo!».[10]

Las peticiones del Padrenuestro

Casi siempre oramos el Padrenuestro de corrido y sin detenernos en ninguna de sus partes. Es la manera correcta y adecuada; sin embargo, está conformado por ocho partes. Cada parte es una petición en sí misma; cada una rebasa de significado e importancia y da a conocer algo de Dios y de nosotros; cada petición profundiza nuestra relación con Dios y revela su amor por nosotros y este mundo. Si nos detuviésemos un poco y nos concentrásemos cada vez que oramos el Padrenuestro, se enriquecería nuestra experiencia y comprensión de Dios. La vida es ocupada y frenética, y oramos de la misma manera y ritmo. Cuando oramos el Padrenuestro más lentamente y con un espíritu de quietud, logramos conocer y experimentar a Dios de una mejor manera.

Hay mucho que decir acerca de las ocho peticiones del Padrenuestro. Sin embargo, por ahora nos limitaremos a compartir tan solo una observación clave para cada una. El resto del libro estudiará cada petición desde una variedad de ángulos.

Padre nuestro que estás en el cielo

El Evangelio de Mateo fue escrito en primer lugar para creyentes judíos. Cuando Jesús dijo que orasen «Padre nuestro que estás en el cielo», los presentes en el Sermón del Monte tenían una sola cosa en mente: Padre del éxodo. Aquella gloriosa parte de la historia de Israel fue la primera vez en la que se encontraron con Dios en calidad de «Padre» (Éx 4.22). Tal como mencionamos anteriormente en este capítulo, el Evangelio de Mateo presenta a Jesús como el nuevo Moisés que da una nueva

---

9 Scaer, *Sermon on the Mount*, 169.
10 Johnson, *Fifty-Seven Words*, 21.

ley y dirige al pueblo hacia un nuevo éxodo. Ahora que Cristo enseña una nueva ley, también ofrece una nueva oración que será la esencia de aquella nueva ley: una oración del éxodo. «Padre nuestro que estás en el cielo» es el Padre del éxodo, el Padre que nos libera de lo que nos ha mantenido esclavizados.

Santificado sea tu nombre

Esta petición nos recuerda aquellos mandamientos respecto a no tener dioses delante del Padre celestial, de no fabricarnos ningún ídolo, y de no usar el nombre de Dios en vano (Éx 20.3–7). Además, saber el nombre de alguien significa que lo conocemos personalmente y que nos ha dado a conocer su carácter. Saber el nombre de alguien significa que podemos acercarnos a él. Oramos «santificado sea tu nombre» porque reconocemos el amor de Dios para con nosotros, disfrutamos su cercanía y deseamos vivir según la bondad de su carácter.

Venga tu reino

En esta parte oramos que el reino de Dios se haga más visible y presente en nuestro mundo, y esperamos con ansias el mundo venidero. La felicidad y las exigencias del reino nos ofrecen consolación y nos desafían respecto al lugar que ocupamos en el mundo. Orar esta parte significa que vivimos como ciudadanos del reino y que practicamos la justicia, amamos la misericordia y nos humillamos ante Dios (Mi 6.8).

Hágase tu voluntad en la tierra como en el cielo

Esta petición reúne las primeras tres peticiones exigiendo y declarando que nuestro soberano Dios impone su voluntad en la vida de este mundo. Cuando oramos esta petición, se nos confronta con las inesperadas formas en las que la voluntad de Dios se manifiesta, así como con la participación y obediencia que exige de nosotros.

Danos hoy nuestro pan cotidiano

Esta parte significa «danos hoy las bendiciones de mañana». Pedimos una doble bendición, y el pan cotidiano puede referirse tanto a las necesidades físicas como a las espirituales. Esta petición apela a la extraordinaria generosidad de Dios. Los estudiosos de la Biblia han mencionado que se trata de la única petición donde lo que se pide aparece al principio de la petición. En el texto original se lee así: «el pan nuestro, para mañana, dánoslo hoy».[11]

Perdónanos nuestras deudas, como también nosotros hemos perdonado a nuestros deudores

Se trata del único lugar en todo el Nuevo Testamento donde el pecado se relaciona con las deudas (como si fuera un préstamo de dinero que crece debido a los intereses). La idea es que aquella deuda que crece y que debemos pagársela a Dios, Él la cancela; y podemos bendecir a los demás cuando cancelamos la deuda que ellos tienen con nosotros. La parábola del siervo despiadado (Mt 18.21–35) es la que mejor ilustra esta petición.

Y no nos dejes caer en tentación

Esta petición le ruega al Padre celestial que no permita que fallemos. Somos débiles y por momentos nos encontramos en situaciones (o nos metemos en ellas) donde caemos en tentación (p. ej.: Pr 7; 1Co 10.13). Le rogamos a Dios que nos proteja de nuestras tendencias humanas hacia la infidelidad.

Sino líbranos del maligno

La oración empieza con «Padre nuestro que estás en el cielo» y culmina pidiéndole que nos libre del padre de las mentiras. Tenemos un adversario, y lo único que quiere es robar, matar y destruir (Jn 10.10). Todas las anteriores siete peticiones bajo la poderosa mano de Dios logran desarmar al maligno y nos conducen a nuestra liberación y plenitud de vida (Jn 10.10).

Si tan solo pudieras orar una sola oración

Una vez prediqué un sermón en el que le dije a la congregación: «¿Me pregunto qué pasaría si el Padrenuestro fuera la única oración que pudiésemos orar?». Me puse a pensar qué sucedería si por una hora, una

---

[11] Scaer, *Sermon on the Mount*, 172. Nota del traductor: la traducción literal que ofrezco del texto original no concuerda con la bibliografía porque sencillamente esta refleja una traducción al inglés del griego koiné.

semana o un mes, fuese la única oración que orásemos. ¿Qué pasaría si solamente orásemos el Padrenuestro palabra por palabra, sin añadir ni quitar las palabras de Jesús? ¿Consideraríamos que su contenido sería suficiente para tratar los asuntos que necesitamos orar? ¿O lo hallaríamos demasiado breve o incluso podría limitar nuestra relación con Jesús? Quizá habría otros asuntos que quisiéramos mencionar en nuestra oración y que no se tratan en el Padrenuestro. Sin embargo, los temas y asuntos que sí aparecen en esta breve y profunda oración comunitaria abordan todo acerca de la vida y la fe. Por ejemplo:

> **La adopción**: Padre nuestro que estás en el cielo
> **La adoración**: Santificado sea tu nombre
> **La esperanza**: Venga tu reino
> **El sometimiento**: Hágase tu voluntad, en la tierra como en el cielo
> **La provisión**: Danos hoy nuestro pan cotidiano
> **La sanidad**: Perdónanos nuestras deudas, como también nosotros hemos perdonado a nuestros deudores
> **La fidelidad**: Y no nos dejes caer en tentación
> **La protección**: Sino líbranos del maligno

Durante los meses posteriores al sermón, empecé a oír anécdotas. Sin saberlo, cierto número de personas que lo habían oído decidieron poner en práctica el reto que les había presentado y empezaron a orar solamente el Padrenuestro. Algunos tenían planeado hacerlo y otros tuvieron situaciones o problemas inesperados; sin embargo, en la crisis del momento, descubrieron que el Padrenuestro era la primera y única oración que recordaban. Lograron orar con pasión usando las mismas palabras del Padrenuestro. Luego llegaron a informarnos de experiencias de sanidad, de paz y de buenas decisiones. Nuestro Padre celestial había oído sus oraciones, vio su situación y les dio respuestas. La amplitud, altura y profundidad del Padrenuestro fue suficiente.

El Padrenuestro y la vida, muerte y resurrección de Jesús

Hemos tratado el contexto del Padrenuestro y la manera en que Jesús lo usó para contrastar las obras espirituales de aquellos que deseaban ser vistos y oídos por los demás por razones de su imagen propia. Hemos visto el modo en que refleja el relato del Éxodo y que se trata de una oración para el nuevo éxodo. Hemos hablado sobre la manera en que el Padrenuestro se ubica en medio del Sermón del Monte y ofrece un resumen en forma de oración. Hemos notado que las palabras y frases de la oración manifiestan urgencia, firmeza e intensidad. Hemos observado que, si tuviésemos que oran tan solo una oración, el Padrenuestro sería más que suficiente. Con todo esto en mente, este libro nos da la oportunidad de responder a la invitación de Jesús: «Entra en tu cuarto, cierra la puerta y ora a tu Padre, que está en lo secreto. Así tu Padre, que ve lo que se hace en secreto, te recompensará» (Mt 6.6). Allí tu Padre celestial te verá y oirá. Allí podrás examinar tu formación y fundamento de predicador. Allí podrás considerar las preguntas en torno a nuestros deseos de ser vistos y oídos: ¿a quién intento impresionar?, ¿qué recompensas deseo obtener?, ¿en quién me estoy convirtiendo?

Este libro no es simplemente una invitación para orar el Padrenuestro en el contexto de nuestra vocación de predicadores; es también un reto para que luchemos con su contenido. Para lograr ello, meditaremos profundamente en el Padrenuestro y buscaremos pruebas de su presencia en la vida, muerte y resurrección de Jesús. Prestaremos atención a la presencia del Padrenuestro en lo que dijo e hizo Jesús. Mientras examinemos su vida, muerte y resurrección, para poder detectar señales de esta oración, rogaremos para que su Espíritu nos examine a nosotros mismos. Esperamos poder experimentar la formación y el fundamento en Cristo. Que el Padrenuestro se refleje cada vez más en nuestras vidas de predicadores.

Este libro está dividido en tres partes. En cada capítulo de cada parte, estudiaremos el Padrenuestro frase por frase para lograr demostrar la manera en que se oye en las palabras y las obras de Jesús. Asimismo, cada capítulo se concentrará en una petición del Padrenuestro en el orden que aparece y reflexionará sobre un pasaje del evangelio que repite la petición del Padrenuestro y que, a su vez, resuena en tu vida de predicador.

Primera parte: capítulos 1–8: El Padrenuestro visto en la vida de Jesús (Lc 18.1–19.10)

En Lucas 18.1–19.10, Jesús está próximo a Jerusalén y a su crucifixión. En esta parte, cada petición del Padrenuestro concuerda con el ministerio de Cristo en esta sección del Evangelio de Lucas. Este apóstol no ha querido ordenarla para que siga la misma estructura del Padrenuestro; sin embargo, las obras y dichos de Jesús en este segmento de las Escrituras nos ofrecen un asombroso material que nos permite escuchar el Padrenuestro en su vida.

En esta primera parte del libro, la secuencia de las peticiones del Padrenuestro se ceñirá al orden de los hechos en Lucas 18.1–19.10.

Segunda parte: capítulos 9–16: El Padrenuestro visto en la muerte de Jesús (las Siete Palabras)

Aquí cada petición del Padrenuestro concuerda con cada una de las Siete Palabras, y una de estas peticiones corresponde con la información de que fue clavado en la cruz. Prestaremos atención al Padrenuestro en la muerte de Jesús.

Tercera parte: capítulos 17–24: El Padrenuestro visto en la resurrección de Jesús (Jn 20–21)

El registro que Juan ofrece de los encuentros de la resurrección ofrece información que nos permite prestar atención a cada petición del Padrenuestro. En esta parte, seguiremos el orden de esta oración en lugar de la secuencia que aparece en Juan 20–21.

Cuando prestemos atención al Padrenuestro de esta manera, descubriremos que logrará reverberar desde tu vida y ministerio de predicador. Ruego a Dios que te permita saber que Él te ve y te oye y desea recompensarte (Mt 6.6), y que te permita desarrollarte como el predicador que has sido llamado a ser.

> Padre nuestro que estás en el cielo,
> santificado sea tu nombre,
> venga tu reino,
> hágase tu voluntad
> en la tierra como en el cielo.
> Danos hoy nuestro pan cotidiano.
> Perdónanos nuestras deudas,
> como también nosotros hemos perdonado a
> nuestros deudores.
> Y no nos dejes caer en tentación,
> sino líbranos del maligno.

Resumen del libro

El Padrenuestro…	PRIMERA PARTE … tal como se oyó en la vida de Jesús	SEGUNDA PARTE … tal como se oyó en la muerte de Jesús	TERCERA PARTE … tal como se oyó en la resurrección de Jesús
Padre nuestro que estás en el cielo	**Capítulo 1** *Lucas 18.1–8* Oración para predicadores que deseen orar	**Capítulo 9** *Marcos 15.33–39* Oración para predicadores que deseen consolación	**Capítulo 17** *Juan 20.11–18* Oración para predicadores que deseen recibir una revelación
Santificado sea tu nombre	**Capítulo 2** *Lucas 18.9–14* Oración para predicadores que deseen honrar a Dios	**Capítulo 10** *Juan 19.19–22* Oración para predicadores que deseen valentía	**Capítulo 18** *Juan 20.24–29* Oración para predicadores que deseen fe
Venga tu reino	**Capítulo 3** *Lucas 18.15–17* Oración para predicadores que deseen dirigir	**Capítulo 11** *Lucas 23.35–43* Oración para predicadores que deseen esperanza	**Capítulo 19** *Juan 20.19–20* Oración para predicadores que deseen paz
Hágase tu voluntad en la tierra como en el cielo	**Capítulo 4** *Lucas 18.18–27* Oración para predicadores que deseen renovarse	**Capítulo 12** *Juan 19.25–27* Oración para predicadores que deseen pertenecer a una familia	**Capítulo 20** *Juan 20.21–23* Oración para predicadores que deseen guía
Danos hoy nuestro pan cotidiano	**Capítulo 5** *Lucas 18.28–30* Oración para predicadores que deseen suplir sus necesidades básicas	**Capítulo 13** *Juan 19.28–29* Oración para predicadores que necesiten el sustento diario	**Capítulo 21** *Juan 21.1–14* Oración para predicadores que deseen refrescar sus almas

Perdónanos nuestras deudas, como también nosotros hemos perdonado a nuestros deudores	**Capítulo 6** *Lucas 18.31–34* Oración para predicadores que deseen mayor entendimiento	**Capítulo 14** *Lucas 23.32–34* Oración para predicadores que deseen gozar de libertad plena	**Capítulo 22** *Juan 21.15–17* Oración para predicadores que deseen bondad
Y no nos dejes caer en tentación	**Capítulo 7** *Lucas 18.35–43* Oración para predicadores que deseen sanidad	**Capítulo 15** *Lucas 23.44–46* Oración para predicadores que deseen mejorar su capacidad de decisión	**Capítulo 23** *Juan 21.18–19* Oración para predicadores que deseen perseverancia
Sino líbranos del maligno	**Capítulo 8** *Lucas 19.1–10* Oración para predicadores que deseen ser restituidos	**Capítulo 16** *Juan 19.30* Oración para predicadores que deseen recibir bendición	**Capítulo 24** *Juan 21.20–23* Oración para predicadores que deseen la visión de Dios

Primera parte

El Padrenuestro tal como se oyó en la vida de Jesús

Lucas 18.1–19.10

Capítulo 1

Padre nuestro que estás en el cielo

Oración para predicadores que deseen orar

Lucas 18.1–8

Jesús les contó a sus discípulos una parábola para mostrarles que debían orar siempre, sin desanimarse. Les dijo: «Había en cierto pueblo un juez que no tenía temor de Dios ni consideración de nadie. En el mismo pueblo había una viuda que insistía en pedirle: "Hágame usted justicia contra mi adversario". Durante algún tiempo él se negó, pero por fin concluyó: "Aunque no temo a Dios ni tengo consideración de nadie, como esta viuda no deja de molestarme, voy a tener que hacerle justicia, no sea que con sus visitas me haga la vida imposible"».

Continuó el Señor: «Tengan en cuenta lo que dijo el juez injusto. ¿Acaso Dios no hará justicia a sus escogidos, que claman a Él día y noche? ¿Se tardará mucho en responderles? Les digo que sí les hará justicia, y sin demora. No obstante, cuando venga el Hijo del hombre, ¿encontrará fe en la tierra?».

Juan 1.18 dice: «A Dios nadie lo ha visto nunca; el Hijo unigénito, que es Dios y que vive en unión íntima con el Padre, nos lo ha dado a conocer». En esta parábola Jesús da a conocer al Padre celestial de una manera inesperada. Lo hace contando una historia, la cual explora la manera en que nosotros, que vivimos en un mundo injusto, podemos hablar con nuestro Padre celestial. Sin embargo, este mundo no solo se caracteriza por la injusticia; también está lleno de promesas. Justo antes de esta historia, leemos acerca del reino de Dios que viene en su plenitud y junto a él viene también el Hijo del hombre (Lc 17.20–37).

Entonces, el mensaje de Lucas 18.1–8 consiste en seguir orando y no perder el ánimo. Para que podamos entender ello, Jesús nos cuenta una historia como la de David y Goliat.

Había una vez en cierto pueblo una persona muy débil y desamparada (una viuda) que tuvo que enfrentarse a otra persona muy poderosa y que no temía a Dios (un juez injusto). En realidad, la viuda tuvo que enfrentarse a *dos* gigantes como Goliat: la persona que era su adversario y el juez que actuaba como adversario. Su situación era desalentadora.

La viuda sufría la injusticia, y la única persona que podría otorgársela ignora a Dios y a todos los demás. La viuda desamparada necesita la ayuda de un juez poderoso, porque su adversario es poderoso. El problema de la viuda es, en el mejor de los casos, que se tarden y, en el peor, que la ignoren.

¿Qué puede hacer?

¿Qué harías *tú*?

Jesús quiere saber (Lc 18.8)

Padre nuestro que estás en el cielo.

El propósito de esta historia es motivarnos a orar y a no darnos por vencidos (Lc 18.1), ¿pero lo haremos? Es fácil darse por vencido cuando las respuestas a nuestras oraciones se tardan o creemos que han sido ignoradas. Sin embargo, el peligro consiste en quedarnos callados y rendirnos frente a las fuerzas poderosas.

La viuda es nuestro modelo para imitar, pues, aunque represente a los débiles y desamparados de la sociedad, también representa la fe como la semilla de mostaza. No se rinde y, al final, el juez ordena que reciba justicia; pero este juez no es alguien bondadoso; es la imagen de la falta de fe en Dios y en los demás. Es difícil describir una imagen más desalentadora que esta. Este juez es muy egoísta. La situación es insólita. Se trata de alguien que ha recibido el encargo divino de administrar justicia al pueblo de Dios; sin embargo, no le importa la fuente de su autoridad ni tampoco la gente a la que debe servir. Asimismo, son deshonestas las razones por las que finalmente decide cumplir con sus obligaciones. Lo único que quiere es que lo dejen tranquilo y le preocupa que la viuda le haga la vida imposible. Sus palabras suenan a que tiene temor de que ella lo ataque primero (Lc 18.5), por lo cual atiende su solicitud. Pero esta no es la parte más alarmante de la historia, sino lo que sucede luego de que termina la historia.

Luego de que Jesús cuenta la historia, nos dice: «Tengan en cuenta lo que dijo el juez injusto» (Lc 18.6). Dado el hecho de que esta historia tiene el propósito de motivar a los seguidores de Cristo a que oren y no se den por vencidos, seguramente que debemos concentrarnos en la viuda y no en el juez. Sin embargo, no sucede así, pues Jesús dirige nuestra atención a este funcionario. Ahora que prestamos atención al personaje que representa el poder en la historia, meditamos en las oraciones que dirigimos al Padre celestial. Ahora que observamos a un personaje desagradable (el juez injusto), recordamos aquellos momentos de oración en los que nuestro Padre celestial se tarda en respondernos o, por lo menos, así nos parece. Ahora que vemos al juez injusto, nos cuesta entender uno de los principales temas del Evangelio de Lucas: el de las respuestas que tardan en llegar.

Esto funciona de la siguiente manera: esta parábola de Jesús es como una comparación; el elemento menor apunta al mayor. Si incluso un impío e inmisericorde juez (el menor) brinda justicia, mucho más la brindará nuestro Padre celestial (el mayor). A quienes sufren como la viuda, que clama a Dios día y noche, Jesús les dice que Dios no se comportará como el juez injusto que la ignoró (Lc 18.7–8). Contrariamente al juez de aquella historia, Dios hará justicia con prontitud. Así que, «Tengan en cuenta lo que dijo el juez injusto» (Lc 18.6) y luego consideren cuánto más hará nuestro Padre celestial por aquellos que claman «día y noche» (Lc 18.7).

Padre nuestro que estás en el cielo.

Si la viuda pudo lograr una respuesta de alguien como ese juez, ¿cuánto más podremos nosotros recibir respuesta de Alguien que no se le parece en nada a aquel funcionario?

Me pregunto si esta parábola ha logrado su efecto en tu vida. Jesús termina de contar la historia con una pregunta desafiante: «Cuando venga el Hijo del hombre, ¿encontrará fe en la tierra?» (Lc 18.8). La respuesta contiene muchos significados. Si nuestro Padre celestial no es como el juez injusto, entonces ¿cuánto más debemos ser como la viuda? «No obstante, cuando venga el Hijo del hombre, ¿encontrará fe en la tierra?».

Jesús espera por una respuesta. Piensa bien antes de responder. Sé franco.

Lo que esta parábola hace es sacar a la luz la manera en que hablamos con nuestro Padre celestial. En realidad, prueba si, luego de que la justicia tarde en este mundo injusto, seguiremos hablando con nuestro Padre celestial. Esta parábola nos ausculta por medio de aquella antigua tradición bíblica en torno a la oración: «¿Hasta cuándo, Señor?».

Esta breve plegaria aparece muchas veces en la Biblia. De hecho, la necesidad de orarla se podría encontrar durante la esclavitud de los israelitas en Egipto. En Éxodo 2.23–25 leemos:

> Mucho tiempo después murió el rey de Egipto. Los israelitas, sin embargo, seguían lamentando su condición de esclavos y clamaban pidiendo ayuda. Sus gritos desesperados llegaron a oídos de Dios, quien, al oír sus quejas, se acordó del pacto que había hecho con Abraham, Isaac y Jacob. Fue así como Dios se fijó en los israelitas y los tomó en cuenta.

Los esclavos israelitas y la viuda se parecen.

«¿Hasta cuándo, Señor?». Esta breve plegaria se encuentra en muchos salmos y en los profetas; incluso aparece una vez en Apocalipsis. La plegaria es el clamor de alguien que sufre injusticia y dolor en el mundo y un sentido de demora de parte de nuestro Padre celestial.

«¿Hasta cuándo, Señor?». Aunque las palabras exactas de esta plegaria no aparecen en esta parábola, sí hay un claro reflejo de ellas. La parábola nos exhorta a que apelemos a una oración como esta: «¿Hasta cuándo, Señor?», pero ¿qué nos revela esta breve plegaria? La parábola muestra que nuestras oraciones revelan lo que pensamos de Dios. A. W. Tozer dijo al respecto: «Lo que se nos viene a la mente cuando pensamos en Dios es lo más importante acerca de nosotros [...] por causa de aquella ley secreta del alma, tendemos a desplazarnos hacia nuestra imagen mental que tenemos de Dios».[12]

---

[12] Tozer, *Knowledge of the Holy*, 1.

Padre nuestro que estás en el cielo.

¿Qué se te viene a la mente cuando piensas acerca de nuestro Padre celestial? ¿En particular cuando parece que tarda en responderte?

Tu respuesta revelará la imagen de tu alma sobre nuestro Padre celestial.

Tu respuesta se encuentra en aquel tiempo cuando dejaste de orar y te diste por vencido.

Tu respuesta se encuentra en las oraciones que dices mientras preparas tu sermón y antes de que lo prediques.

Tu respuesta se encuentra en los pensamientos que tienes cuando predicas y luego no recibes las respuestas que esperabas de la congregación.

Tu respuesta se encuentra en las luchas que pasas cuando predicas acerca del Dios que nos habla y obra, pero que parece que guarda silencio y no hace nada en tu vida.

Pero ¿concuerda tu respuesta con el Dios que nos ha mostrado esta parábola?

Padre nuestro que estás en el cielo.

Nuestras oraciones revelan lo que pensamos acerca de nuestro Padre celestial. Sin embargo, la parábola nos dice algo más: que revelan lo que somos. Nuestras oraciones revelan si somos como la viuda.

Hace unos años tuve la oportunidad de escuchar un sermón acerca de José cuando se encontraba en la cárcel luego de que el copero de Faraón se olvidara de él (Gn 40). José había interpretado de manera precisa y favorable el sueño del copero y le había pedido que no se olvidara de él; sin embargo, el copero fue dejado en libertad y se olvidó del pedido. El predicador usó este hecho para resaltar el carácter de José, para lo cual ofreció un resumen de la situación de esta manera: «Cuando algo tarda, revela lo que hay en el corazón». José y la viuda se parecen.

La historia de Job revela lo mismo. Luego de treinta y siete capítulos que narran su tragedia y sufrimiento, junto con el misterio de Dios y su manera de actuar, este finalmente se manifiesta desde la tempestad (Job 38–41). Dios cuestiona lo que acerca de Él han dicho Job y sus amigos, cuya perspectiva fue mostrada en el lapso entre lo que dijeron y la respuesta de Dios. Luego Job declara humildemente que no alcanza a comprender lo que dijo él y lo que antes había oído de Dios, pero que ahora lo ha visto (Job 42.1–6). Job y la viuda se parecen.

Nuestra parábola y su plegaria «¿Hasta cuándo, Señor?» cumplen el mismo efecto. La tardanza revela muchas cosas: revela lo que la persona que ora piensa sobre el carácter de Dios y también el propio carácter de esa persona.

Si la única enseñanza disponible acerca de nuestro Padre celestial estuviera basada en tu vida de oración, ¿qué aprendería la gente de ello?

El fundador de la iglesia donde serví como pastor desarrolló su labor a finales de la década de 1950 y los primeros años de 1960. Se llamaba Lewis y fue considerado un pastor amable, atento y muy querido. Cuando asumí el cargo de pastor de aquella iglesia, Lewis ya era anciano y vivía en una casa de retiro. Una mañana de domingo, justo antes del culto, recibí una llamada de teléfono mediante la cual se me informó que, aquella mañana, Lewis había muerto sin sufrir. Pude conversar por un momento con la persona que me había informado del suceso. Compartimos recuerdos de este amado hermano en Cristo. Sin embargo, la conversación culminó de una manera inesperada. Aquella persona me dijo: «Sabías que Lewis solía decir "La congregación siempre sabrá si su pastor ora por ellos"». Me quedé sin palabras. No sabía qué decir porque en aquel tiempo en mi ministerio no me parecía en nada a la viuda. No oraba y no lo había estado haciendo por un buen tiempo. Un extraño silencio se apoderó de la conversación telefónica. La persona al otro lado de la línea no tenía la menor idea de por qué había yo dejado de hablar. Finalmente, interrumpió el silencio y dijo: «En fin, te tengo que dejar». La lección de la parábola del juez injusto y la viuda insistente resonaba en mi mente. La conversación telefónica había causado mucho revuelo en mi alma.

Padre nuestro que estás en el cielo.

Y Jesús todavía espera una respuesta: «No obstante, cuando venga el Hijo del hombre, ¿encontrará fe en la tierra?»

¿Encontrará que tienes fe en nuestro Padre que está en el cielo?

Reflexión

Elige tres palabras que te describan cuando Dios tarda en responder a tus oraciones.

Oración

Padre nuestro que estás en el cielo.

Santificado sea tu nombre

Oración para predicadores que deseen honrar a Dios

Lucas 18.9–14

A algunos que, confiando en sí mismos, se creían justos y que despreciaban a los demás, Jesús les contó esta parábola: «Dos hombres subieron al templo a orar; uno era fariseo, y el otro, recaudador de impuestos. El fariseo se puso a orar consigo mismo: "Oh Dios, te doy gracias porque no soy como otros hombres —ladrones, malhechores, adúlteros— ni mucho menos como ese recaudador de impuestos. Ayuno dos veces a la semana y doy la décima parte de todo lo que recibo". En cambio, el recaudador de impuestos, que se había quedado a cierta distancia, ni siquiera se atrevía a alzar la vista al cielo, sino que se golpeaba el pecho y decía: "¡Oh Dios, ten compasión de mí, que soy pecador!".

Les digo que este, y no aquel, volvió a su casa justificado ante Dios. Pues todo el que a sí mismo se enaltece será humillado, y el que se humilla será enaltecido».

Advertencia: esta parábola contiene una trampa, de la cual no podrás escapar y tampoco deberías intentarlo. En ella ambos personajes oran solos (Lc 18.11, 13), es decir, solo Dios puede oír lo que cada uno de ellos dice; sin embargo, Jesús ha hecho posible que escuchemos a escondidas estas dos oraciones privadas. Mientras las oyes, te escuchas a ti mismo. De esto se trata el ineludible poder de la parábola.

Pero fíjate su propósito: «A algunos que, confiando en sí mismos, se creían justos y que despreciaban a los demás, Jesús les contó esta parábola» (Lc 18.9). Así que tenemos una parábola que mayormente no se refiere a cómo debemos orar, sino acerca de cómo debemos vivir ante Dios y con nuestro prójimo. No es una parábola que aborda un solo aspecto de nuestra vida, sino que involucra a toda ella.

Santificado sea tu nombre.

Cuando analizamos esta parábola, se nos viene a la mente aquella parte del Padrenuestro que nos concierne en estos momentos: *santificado sea tu nombre.* Se ha dicho que para que un judío pudiese orar «santificado sea tu nombre» tenía que ponerlo en práctica en su vida diaria. Aquel que oraba «santificado sea tu nombre» podía con toda franqueza hacerlo solamente si, por medio del trato justo hacia el prójimo, rendía honor a Dios. Esta parábola sirve de prueba para ver si estamos haciendo lo correcto. En lo más profundo de lo que oramos y obramos se encuentra la pregunta: «¿Estamos honrando el nombre de Dios con esto que estamos haciendo? ¿Refleja mi vida, por mis palabras y hechos, la frase "santificado sea tu nombre"?».

La parábola nos presenta una serie de contrastes cuando oímos que estos dos personajes hablan con Dios.

El fariseo «se puso a orar consigo mismo» (Lc 18.11) creyendo que se encontraba más cerca de Dios. El recaudador de impuestos «se había quedado a cierta distancia» (Lc 18.13) creyendo que se encontraba lejos de Dios.

El fariseo aparentaba ser muy espiritual en el templo. Se dice de él que empezó a «orar» (Lc 18.11). El recaudador de impuestos aparentaba ser muy pecador en el templo. Se dice de él que «decía» (Lc 18.13).

El fariseo oraba mirando al recaudador de impuestos (Lc 18.11). El recaudador de impuestos oraba sin poder mirar a nadie (Lc 18.13).

El fariseo oraba acerca de sí mismo y en relación con los demás (Lc 18.11–12). El recaudador de impuestos oraba por sí mismo y en relación con Dios (Lc 18.11).

El fariseo oraba basándose en alguien que no era (Lc 18.11). El recaudador de impuestos oraba basándose en quién era él (Lc 18.13).

El fariseo oraba con base en cómo él se percibía (Lc 18.11–12). El recaudador de impuestos oraba con base en cómo Dios lo percibía (Lc 18.13).

El fariseo oraba ignorando el verdadero corazón del recaudador de impuestos (Lc 18.11). El recaudador de impuesto oraba sabiendo el verdadero corazón de Dios (Lc 18.13).

El fariseo oraba confiando en su propia grandeza. El recaudador de impuestos oraba confiando en la grandeza de Dios.

El fariseo oraba de una manera fingida. El recaudador de impuestos oraba de una manera sagrada.

Santificado sea tu nombre.

Dos personajes distintos que han mostrado dos clases de espiritualidad. Se podría afirmar que solo uno de ellos ha cumplido con la frase «santificado sea tu nombre». Se podría decir que solo uno de ellos oraba de forma tal que logró mostrarnos que había comprendido el nombre y el carácter de Dios. Se podría decir que solo uno de ellos pudo orar de una manera que nos mostró que entendía quién era él ante Dios. John Stott dijo al respecto: «La humildad no es sinónimo de hipocresía, pretender ser otra persona. La humildad es sinónimo de honestidad, lograr entender quién soy yo y cómo he llegado a ser lo que soy».[13] El recaudador de impuestos muestra aquella humildad.

Trata de recordar la oración más reciente. Si no recuerdas con exactitud el contenido de tu oración, trata de recordar el tema. Recuerda quién o qué era el tema de tu oración. Quizá estuviste solo o en grupo. Tal vez oraste en voz alta o en el silencio de tu corazón.

Basado en tu oración más reciente, ¿dónde te ubicaría Jesús en esta parábola?

Si consideramos que tu oración fue una versión más larga de «santificado sea tu nombre», ¿a quién rendiste honor?

Una de las verdades espirituales que revela esta parábola es la manera en que vivimos y oramos. Fijémonos otra vez en las oraciones del fariseo y del recaudador de impuestos. La intención de sus oraciones opera como si fuera un comentario respecto a sus vidas, ya sea que esta haya sido su intención o no. Sus vidas eran como recipientes llenos de información. Sus oraciones lograron revelar su contenido.

Santificado sea tu nombre.

Nosotros los predicadores nos ubicamos en un lugar peligroso porque nuestros sermones tienen mucho en común con nuestras

---

[13] Stott, *Last Word*, 63.

oraciones. Son palabras acerca de Dios, en nombre de Él y dedicados a Él; por ello, contienen la misma verdad espiritual que revela esta parábola respecto a la oración. La naturaleza de nuestras vidas no se encuentra solo en lo que oramos, sino también en lo que predicamos. La manera en que vivimos es el modo en que oramos. La manera en que vivimos es el modo en que predicamos.

Nuestras oraciones y sermones no son los primeros indicadores respecto a si hemos logrado honrar o deshonrar el nombre de Dios. Ello lo determina la manera en que vivimos día a día, mucho antes de que oremos o prediquemos. Nuestras vidas son recipientes llenos, así como nuestras oraciones y predicaciones son el contenido que damos a conocer.

El propósito de esta parábola, refiriéndonos a aquellos que «confiando en sí mismos, se creían justos y que despreciaban a los demás» (Lc 18.9), alcanza también la vida del predicador. Nuestros sermones no siempre serán como ventanas que muestren la manera en que llevamos a cabo nuestras vidas; el contenido del sermón no siempre será como un comentario respecto a cómo hemos estado viviendo nuestras vidas; pero el espíritu con el que predicamos sí lo será. La manera en que preparamos el sermón y la actitud de nuestro corazón siempre ofrecerá un comentario de nuestras vidas. Tenemos la opción de predicar como la oración del fariseo, condenando secretamente los corazones de aquellos a los que predicamos, o podemos predicar como la oración del recaudador de impuestos, invocando abiertamente la misericordia de Dios.

Santificado sea tu nombre.

Cuando era un joven pastor, me llegué a dar cuenta de algo: que a pesar de que las personas se puedan mostrar como exitosas o triunfadoras, a menudo encubren terribles tragedias y dolor en sus vidas. La gente lleva a cuestas cargas muy pesadas y lo hace en secreto. Otro de los asuntos de los que he llegado a darme cuenta es que las personas que a menudo hacen preguntas complicadas acerca de Dios, en realidad lo único que quieren saber es la respuesta a estas preguntas: «¿será que Dios me acepta?, ¿me ama?». Su actitud en la iglesia es la de aquellos que ni siquiera se atreven a alzar la vista al cielo. Cabizbajos, oran la plegaria del recaudador de impuestos. Pero si predicamos con la misma actitud de las plegarias del fariseo, nunca veremos o escucharemos a aquella gente de la misma manera en que Dios la oye, o que quiere que nosotros la oigamos. Más bien, al adoptar una postura arrogante, nos cegaremos frente a los humildes. Terminaremos preocupándonos por nuestra propia justicia y nuestros propios talentos, lo cual hará que tengamos una actitud de superioridad frente a los demás.

Este ministerio de predicación será de aquella clase que motivó al predicador escocés James Denney (1856–1917) a comentar lo siguiente: «Nadie puede al mismo tiempo dar la impresión de que es muy inteligente y que Jesucristo tiene el poder de salvar».[14] Solo hay lugar para un Mesías en el púlpito.

En esta parábola, ¿dónde queda el templo desde donde tú oras y predicas? Cuando oras «santificado sea tu nombre», la manera en que vives tu vida ¿logra confirmar o negar esta oración?

Una vez tuve la oportunidad de visitar la capilla de una gran universidad, que tenía más de quinientos años de antigüedad. La capilla parecía más una catedral. Era tan imponente que la gente se sentía atraída a ella, si bien la mayoría de los que asistían a sus cultos eran turistas. Visitaban el lugar para poder sentir la grandeza de su edificación y lo hermoso que cantaba su coro. Aquella noche que me encontraba visitando el lugar, la capilla tenía cientos de visitas. El culto era formal y hacia el final se celebró la santa cena. El pastor invitó a todos los que deseaban recibir los elementos de la comunión que pasaran al frente. Esperé a que se formara la fila de personas, pero muy pocos se animaron. Cuando me llegó el turno de llegar al frente, me sorprendió ver que fueron pocos los que habían decidido quedarse sentados. Mientras caminaba hacia el frente, sentí cierta satisfacción por haber aceptado la invitación del pastor. Sentí que pertenecía a Jesús. Sentí el calor de la fe por haber podido tomar el pan y el vino en recuerdo de su muerte y la promesa de su retorno. Entonces, me di cuenta de que la mayoría de los que se quedaron en sus bancas, quizá todos, habían tomado esa decisión porque su presencia en aquella capilla no era para adorar a Cristo. Era obvio que eran turistas cuyo propósito era tener la experiencia de un hecho como ese, no para rendir culto a Dios.

Una vez terminado el culto, el pastor se ubicó a la entrada de la capilla para despedirse de los concurrentes. Cuando yo pasaba por su lado, pensé que el pastor había perdido una gran oportunidad. El culto

---

14 James Denney, citado en Stewart, *Heralds of God*, 74.

había tenido lecturas bíblicas, pero no hubo sermón. Pensé que incluso un sermón de cuatro o cinco minutos habría tocado muchas vidas. La mayoría había llegado porque querían ver la arquitectura del lugar y era probable que jamás regresarían. ¿Por qué no se aprovechó esta oportunidad? Pensé en lo que yo habría hecho si hubiese sido el pastor de aquella capilla. Pensé en cambios pequeños pero efectivos que yo habría hecho si hubiese tenido la oportunidad de predicar en aquel lugar. Pensé en la manera en que las vidas de esas personas habrían podido cambiar y haber logrado que tuviesen nuevos cantos en sus corazones.

De todas las personas de esta historia, ¿quiénes creen que se marcharon a casa justificados delante de Dios (Lc 18.14)?

No llegué a saber la respuesta hasta pasados unos días cuando me encontraba en la iglesia escuchando un sermón sobre el Padrenuestro: no fui yo. No recuerdo qué parte del sermón fue la que hizo que se cayera el velo de mis ojos. Lo único que sé es que el efecto del Padrenuestro en aquel sermón exhibió la excesiva confianza en mi propia justicia y que había causado que yo tuviese una actitud de superioridad frente a los demás (Lc 18.9). «Por lo menos no soy como aquellos que son incapaces de acercarse a la santa cena o como aquel pastor que se negó a predicar el evangelio». Esta vergonzosa revelación personal fue la respuesta a mis oraciones. Aquella semana había estado orando tan solo una frase del Padrenuestro: *santificado sea tu nombre.* Tal como mencioné al principio de este capítulo, para que un judío pudiese orar «santificado sea tu nombre» tenía que ponerlo en práctica en su vida diaria. En este caso, yo había estado orando esta frase, pero no la había puesto en práctica. Mi oración concordaba con la del fariseo (Lc 18.11–12) y era contraria a la del recaudador de impuestos. Mi vida no honraba el nombre de Dios.

¿Y qué de ti? ¿Qué revelan tus oraciones y tu predicación respecto a si tu vida le rinde honor al nombre de Dios?

Santificado sea tu nombre.

Reflexión

Toma en cuenta el contexto de tus oraciones y tu predicación. ¿Suenas más como si fueses el fariseo o el recaudador de impuestos? ¿Por qué?

Oración

Santificado sea tu nombre.

Venga tu reino

Oración para predicadores que deseen dirigir

Lucas 18.15–17
También le llevaban niños pequeños a Jesús para que los tocara. Al ver esto, los discípulos reprendían a quienes los llevaban. Pero Jesús llamó a los niños y dijo: «Dejen que los niños vengan a mí, y no se lo impidan, porque el reino de Dios es de quienes son como ellos. Les aseguro que el que no reciba el reino de Dios como un niño, de ninguna manera entrará en él».

En esta historia los discípulos se ubican en una situación de poder. Se encuentran entre un grupo de personas junto con sus hijos y Jesús. Observan la situación y concluyen que debe ser una molestia para Él y deciden detenerla. Un estudioso de la Biblia ha comentado que, dada la manera en que se trataba a los niños de aquella época, «se puede fácilmente llegar a entender e incluso justificar»[15] la actitud de los discípulos. En general, se consideraba que los niños no eran «adultos» y por lo tanto no se los trataba con respeto e importancia.[16] Los discípulos habían sido influenciados por la cultura en la que vivían. Los niños por lo general morían a temprana edad por causa de asesinato, alguna enfermedad o abandono. Si valían algo, era porque, por lo general,

---

[15] Green, *Gospel of Luke,* 651.
[16] Green, 650–651.

podían ayudar a la familia a que produjera dinero en el presente y el futuro, especialmente si trabajaban la tierra. Los discípulos tenían esta mentalidad respecto a los niños. Creían que Jesús tenía que visitar a gente mucho más importante. Sin embargo, Él tenía otros planes.

Venga tu reino.

Los discípulos no fueron capaces de reconocer que estaban siendo un obstáculo para los que pertenecen al reino de Dios. Se comportaban como porteros de las puertas del reino. Estaban decidiendo quién debía tener acceso al rey y, por ello, reprochaban a los que se presentaban con niños. Entonces, Jesús los desafía. Su mensaje, «dejen que los niños vengan a mí», contrasta con el de ellos: «aléjense de él». Jesús ofrece un notable contraste entre la actitud protectora de los discípulos y el ejemplo de parte de los niños. Con ello, muestra la manera en que se debe recibir el reino y entrar en este. El mensaje de Jesús a los discípulos es que dejen de comportarse como guardias que no permiten que la gente entre en el reino. Observen a los niños y aprendan de ellos.

Venga tu reino.

Los hechos de Lucas 18.15–17 nos desafían a que fomentemos una actitud como la de los niños en cuestiones espirituales. Los predicadores deben ser como guías que ayudan a la gente a recibir el reino en vez de comportarse como guardias que los alejan. El relato de Lucas 18.15–17 debería causar en nosotros los predicadores una mayor humildad. La historia se concentra en niños pequeños y refleja una constante verdad: la historia bíblica gira en torno al nacimiento de niños. Una y otra vez, las Escrituras se toman el tiempo para relacionar las circunstancias en torno al nacimiento de algún niño y la manera en que ello conduce a la redención del pueblo de Dios. Lo vemos en los relatos en torno a nacimientos y las vidas de niños como Isaac (Gn 21.1–6), Moisés (Éx 2.1–10), Sansón (Jue 13.1–25), Obed, el abuelo de David (Rut 4.13–17), Samuel (1S 1.1–20; 3.1–21), Juan el Bautista (Lc 1.5–25, 57–66) y, obviamente, Jesús (Mt 1.18–25; Lc 1.26–38; 2.1–7, 41–52). Los caminos de Dios se manifiestan en las historias de los débiles, así como en las de los fuertes.

Venga tu reino.

Es posible que nosotros, como predicadores, nos percibamos como los discípulos de esta historia. Debido a la dinámica de nuestro ministerio, ejercemos cierto poder sobre los demás, el cual se manifiesta en nuestra predicación acerca de Dios y su reino. Los que oyen nuestros sermones confían en nosotros y en lo que les predicamos. Suponen que son producto de una buena preparación y entrenamiento; por tanto, tienden a darnos mayor importancia y prioridad respecto a lo que decimos en comparación con aquellos que no son predicadores. Sin embargo, quizá no nos damos cuenta del peligro de ello: la gente podría considerarnos más espirituales de lo que realmente somos. Podrían pensar que nosotros los predicadores estamos más cerca de Dios que ellos e, incluso, sentirse intimidados. Durante un culto de adoración, decidí interrogar a varias personas respecto a sus temores; por ejemplo, una me dijo que sentía miedo de estar en espacios muy pequeños, lo cual le causaba problemas al viajar en aviones. Su esposo era piloto. Otra sufría el temor de estar en grandes espacios con mucha gente alrededor. Conversamos acerca de la manera en que tuvieron que enfrentar sus temores por medio de su fe en Cristo. Luego de que concluyera el culto, alguien se me acercó y me dijo: «Sufro de un temor». Le respondí: «¿De veras?, ¿cuál es su temor?». Ella me respondió: «¡Es usted!». Me quedé frío. Parecía que ella tampoco quiso ser tan honesta al respecto porque lo dijo con voz entrecortada. Luego se tapó la boca con la mano y salió corriendo. Este encuentro me dio mucho que pensar: ¿qué era aquello de mí y mi ministerio que había causado que esta persona tuviese temor?, ¿he sido más un guardián del reino que un guía?

De modo que la imagen que ofrece Lucas 18.15–17 es adecuada para meditar en torno a la calidad de nuestra predicación. Así como los discípulos en Lucas 18.15–17, nosotros también tenemos que hacer frente a gente que desea acercarse más a Jesús. El asunto consiste en determinar si estamos predicando como guardias o como guías del reino. La calidad de nuestra predicación puede tomar dos rumbos: podemos reprochar a los demás, lo cual evitaría que se acercaran a Jesús; o podría permitir que, como niños pequeños, la gente recibiera las buenas nuevas del reino. Cuando nos referimos al reino, nuestra predicación podría dejarse moldear por nuestra propia cultura o seguir el ejemplo de Cristo. Lo primero significa que valoramos a unos más que a otros, pero, si así lo hiciéramos, estaríamos contradiciendo el reino de Dios. Lo segundo quiere decir que tratamos a todos con la misma dignidad porque son hijos e hijas de nuestro Padre celestial. Sea lo que prediquemos, cuando lo hacemos acerca de recibir el reino de Dios, Jesús nos recuerda que el reino es tan sencillo como una conversación de niños y tan encantador como un juego infantil. Nos exhorta a que recordemos que los niños muestran un alto nivel de confianza y dependencia en sus padres. Esta fe que confía y depende es un requisito necesario para todos los que desean entrar en el reino. Será muy útil, como predicadores, que prestemos atención a aquellos ejemplos de fe como la de los niños, ejemplos que nos revelarán información acerca del reino y nos ayudarán a nosotros, los predicadores, a cambiar la manera en que vemos el mundo. Nos volveremos cada vez menos guardianes y más guías.

En estos momentos en que escribo este libro, mi nieto tiene dieciocho meses de edad. Puede hablar tan solo unas pocas palabras, pero es capaz de comunicarse por otros medios. Una de las cosas que a menudo hace es llevarme de la mano hacia algo que le causa curiosidad. A menudo, cuando me lleva a lo que me quiere mostrar, me tira de la mano para que me siente en el piso junto a él. Me lleva a su nivel para que pueda ver lo que él ve, para experimentar lo que él experimenta. Lo que podría parecer algo sin importancia para un adulto, para el niño es una fuente de gran alegría. Una hoja en el piso le causa tanta alegría como ver un elefante. Un juguete se convierte en un medio para dejar correr su imaginación. Cuando lee un libro, no lo hace palabra por palabra, más bien señala los colores y las imágenes; lee las páginas sin orden alguno y a veces lee unas palabras e ignora otras. Lee el libro de una manera que me comparte una nueva historia jamás antes contada. Me lleva a un pequeño rincón detrás de un mueble, a lugares donde normalmente yo no iría como adulto. Me causa un cambio de voz, de perspectiva y de sensación de lo que está alrededor de mí. Me muestra el mundo según la perspectiva de un niño y me ayuda a sentir el mundo con un nuevo gozo. Ha logrado cambiar mi actitud de guardián gracias a su ejemplo de guía.

Venga tu reino.

La calidad de nuestra predicación que logra ser impactada por ejemplos como los de los niños, podría ser el resultado de orar «venga tu reino». Aquellos ejemplos que causan que volvamos a examinar nuestros valores y conductas podrían ser la respuesta a «venga tu reino». Permítanme darles dos ejemplos más acerca de una ocasión donde inesperadamente me supuso un reto dos encuentros como el de los niños. Ambos han quedado grabados en mi mente y me han afectado como predicador.

En la iglesia que pastoreaba había un miembro especial. A fin de contarles esta historia, llamaremos a esta persona María (no es su nombre real). Ella era adulta pero con una discapacidad cognitiva, lo cual hacía que se comportara de una manera inocente, como una niña. A María le encantaba conversar y a veces era difícil terminar una charla con ella. En aquella iglesia era costumbre durante los cultos dejar que la gente pasase al frente para dirigir algunas breves palabras a la congregación. A veces se invitaba a la gente a que hablase de cualquier aspecto de su fe y en otras ocasiones se ponía un tema específico. No se sabía quién pasaría adelante. Un día, luego de ofrecer la invitación, María se paró y pasó al frente. Mientras se ubicaba, me preocupé de que ella pudiese hablar demasiado y que luego tendría yo que vergonzosamente interrumpirla delante de todos. Entonces, al llegar al frente, María giró para mirar a la congregación. Yo no podía creer lo que estaba sucediendo. Era como que si todas sus discapacidades hubieran desaparecido. Habló acerca de uno de los miembros de la congregación, cuya madre estaba por morir. Pidió que orásemos por ella y sus familiares. Yo seguía estupefacto. Yo era el pastor y desconocía la situación de esa familia; sin embargo, María conocía todos los detalles. Además, ahora se encontraba dirigiendo a la congregación en oración. Luego regresó a su asiento y hubo un gran silencio en la congregación. Algo sagrado acababa de suceder. A partir de ese momento, María pasaba al frente con frecuencia y se dirigiría a los presentes. En algunas ocasiones hacía reír a la congregación a carcajadas y, en otras, esta la escuchaba con mucha concentración. La gente estaba encantada de que María pudiera ayudar y ofrecer una guía. Era algo hermoso, pero lo mejor era que nos estaba ayudando a recibir el reino de Dios. Lo hacía muy bien, tal como lo haría un niño.

Venga tu reino.

Durante la Segunda Guerra Mundial, la ciudad de Stuttgart en Alemania fue bombardeada por la aviación más de cincuenta veces. Casi la mitad de la ciudad fue destruida y murieron cuatro mil quinientos habitantes. Luego de la guerra, los escombros de los edificios fueron llevados y arrumados en la cima de una colina llamada

Birkenkopf, lo cual hizo que se elevase unos cuarenta metros. Los habitantes de Stuttgart apodaron el lugar como Monte Scherbelino, una palabra inventada que suena a italiano y que significa «Monte de los escombros». El día de hoy, hay una gran cruz en la cima de la colina y durante el verano se celebran cultos semanales todos los domingos.

Mi esposa y yo pudimos visitar Birkenkopf en una ocasión. Nos acompañaba una amiga alemana y, mientras nos acercábamos a la colina, nuestra amiga le preguntó a un joven padre que iba acompañado de su hijo pequeño que por dónde era el camino a la colina. Ellos también se dirigían hacia aquel lugar. Luego de una breve conversación en alemán, el joven padre y su hijo se nos adelantaron. Entonces, el niño le dijo algo en voz alta a nuestra amiga, quien nos comunicó que el pequeño había dicho que «estábamos por caminar sobre los muertos». Ocurrió que el joven padre había tratado de explicarle a su hijo el significado de la colina y que, con la típica inocencia de un niño, este había entendido la explicación de manera literal y sencilla, sin rodeos. De una manera directa, este niño había dado a conocer con precisión la verdad de aquel lugar. No estábamos por visitar tan solo una colina hecha de escombros de edificios; sino una colina que representaba a gente abatida. Y el niño nos guiaba. Estábamos por visitar un camposanto.

De modo que seguimos subiendo la colina hasta que de pronto llegamos al lugar: los escombros de una ciudad destruida. No sabía cómo reaccionar, pero pareció que se me paraba el corazón. Me detuve y observé detenidamente el lugar. La vista era agobiante y abrumadora, pero, mientras lo veía, un grupo de cuatro jovencitas aparecieron al fondo de las ruinas. Tres de ellas se subieron en los escombros y empezaron a posar como modelos mientras la cuarta les tomaba fotografías. A los pies de la fotógrafa se encontraba una botella de vino esperando ser abierta en cualquier momento. Las ruinas eran agobiantes y también lo que aquellas jovencitas estaban haciendo. Aquellas palabras que el niño había dicho unos minutos antes, que «estábamos por caminar sobre los muertos», fueron proféticas porque ahora me encontraba viendo a un grupo de amigas posando en las tumbas de víctimas desconocidas. Porque allá, en la base de las ruinas, donde las jovencitas se divertían, había un letrero en alemán que traducido decía: «Esta colina, construida con los escombros de la ciudad, luego de la Segunda Guerra Mundial, yace aquí en memoria de las víctimas y como señal de advertencia para los que viven».

El niño demostró tener más conciencia y respeto por lo que decía el letrero que aquellos adultos que seguían la cultura de sus tiempos. La gente llegaba al lugar, se sentaba y posaba en los escombros sin percatarse del letrero que los invitaba a recordar a las víctimas y prestar atención a las advertencias.

Venga tu reino.

Espero que logres predicar como un guía del reino, inspirado por las cualidades de los niños.

Reflexión

Trata de recordar algún momento en el que algún niño dijo o hizo algo que fue hermoso y cuyo contenido reflejaba la típica inocencia de los niños. ¿Qué lecciones espirituales logró Dios enseñarte por medio de aquella experiencia?

Oración

Venga tu reino.

Capítulo 4

Hágase tu voluntad
en la tierra como en el cielo

Oración para predicadores
que deseen renovarse

Lucas 18.18–27

Cierto dirigente le preguntó:

—Maestro bueno, ¿qué tengo que hacer para heredar la vida eterna?

—¿Por qué me llamas bueno? —respondió Jesús—. Nadie es bueno sino solo Dios. Ya sabes los mandamientos: «No cometas adulterio, no mates, no robes, no presentes falso testimonio, honra a tu padre y a tu madre».

—Todo eso lo he cumplido desde que era joven —dijo el hombre.

Al oír esto, Jesús añadió:

—Todavía te falta una cosa: vende todo lo que tienes y repártelo entre los pobres, y tendrás tesoro en el cielo. Luego ven y sígueme.

Cuando el hombre oyó esto, se entristeció mucho, pues era muy rico. Al verlo tan afligido, Jesús comentó:

—¡Qué difícil es para los ricos entrar en el reino de Dios! En realidad, le resulta más fácil a un camello pasar por el ojo de una aguja que a un rico entrar en el reino de Dios.

Los que lo oyeron preguntaron:

—Entonces, ¿quién podrá salvarse?

> —Lo que es imposible para los hombres es posible para Dios —aclaró Jesús.

Esta historia nos impacta. Mientras leemos la historia, genera un cambio en nosotros: luego de observar su contenido, pasamos a observarnos y luego observamos a Dios. En general, causa que meditemos en «hágase tu voluntad en la tierra como en el cielo».

Cuando inicialmente observamos la historia, lo hacemos desde una distancia segura. Así los personajes y la situación son muy distintos de nuestra propia experiencia. Por ejemplo, no somos un adinerado dirigente judío. Así que observamos esta historia más alejados que involucrados en ella. Vemos a una persona influyente que tiene una conversación muy directa con Jesús. El hecho le sucede a otra persona, no a nosotros. Lo vemos todo guardando una distancia segura. La historia nos ofrece cierto entretenimiento.

El dirigente rico empieza haciendo una pregunta muy cargada de significado. Se dirige a Jesús con un «Maestro bueno», a lo cual Cristo responde que solo Dios es bueno. Los rabinos enseñaban por lo general que la bondad es un atributo que solo Dios posee, por lo que nadie tendía a decir lo que dijo el dirigente. Si bien sabemos que Jesús poseía bondad, el dirigente rico demuestra una falta de atención en el manejo de sus palabras.[17] La respuesta de Jesús revela justamente aquello. Sin embargo, mientras la conversación se lleva a cabo, se hace evidente que el dirigente rico tampoco ha prestado atención acerca de su vida.

Lo único que el dirigente rico quiere saber es «¿qué tengo que hacer para heredar la vida eterna?» (Lc 18.18). Según el pensamiento judío, la vida consistía en obedecer los mandamientos y practicar la justicia. Se trataba de un compromiso a practicar la justicia, amar la misericordia y humillarse ante Dios (Mi 6.8). La preocupación inmediata giraba en torno a vivir una vida fiel en la tierra, y luego vendrían las preocupaciones acerca de la vida eterna.[18] Jesús responde la pregunta con un resumen de los Diez Mandamientos (Éx 20.1–7), pero solo menciona cinco de ellos. Para el dirigente rico, una respuesta

---

[17] Morris, *Luke,* 266–268.
[18] Robinson, *Essential Judaism,* 193.

así de parte de un rabino le habría parecido normal, pues, para explicar el mensaje general de la ley, los rabinos por lo general citaban un resumen de la ley. El dirigente rico se siente satisfecho: según él, ha logrado guardar todos los mandamientos desde que era niño. Cuando el dirigente rico oraba «hágase tu voluntad en la tierra como en el cielo», se sentía seguro de que ello se había cumplido en su vida.

Sin embargo, el hecho de que Jesús haya citado algunos de los Diez Mandamientos no constituye un resumen, sino una búsqueda. En los Diez Mandamientos, cuatro de ellos se relacionan con amar al Señor tu Dios (Éx 20.2–7). Jesús no cita ninguno de aquellos. Los siguientes seis mandamientos se relacionan con amar a nuestro prójimo. Jesús cita cinco de ellos. El mandamiento que falta es «no codicies» (Éx 20.17). Sucede que Jesús está explorando la vida del dirigente rico. ¿Quién o qué se erige como su dios? El resumen que Jesús ofrece de los Diez Mandamientos destapa el hecho de que la riqueza es el dios del dirigente rico.

Cuando el dirigente rico afirma que ha logrado cumplir todos los mandamientos, Cristo no menciona los mandamientos que faltan. Más bien, ofrece nuevamente un resumen, «todavía te falta una cosa» (Lc 18.22). Entonces, se enfrenta al ídolo que gobierna la vida del dirigente rico: «vende todo lo que tienes y repártelo entre los pobres, y tendrás tesoro en el cielo. Luego ven y sígueme» (Lc 18.22). Cuando el dirigente rico oye esto, se entristece profundamente. Su riqueza es inmensa y la devoción a su ídolo demasiado intensa. Entonces, Jesús comenta respecto a cuán subyugado tiene este ídolo al dirigente rico: «¡Qué difícil es para los ricos entrar en el reino de Dios!» (Lc 18.24). Haber desobedecido uno de los mandamientos en torno a amar al prójimo, ejerce un tremendo efecto en los mandamientos en torno a amar a Dios.

Hágase tu voluntad en la tierra como en el cielo.

Los que estaban presentes en aquel día no podían salir de su asombro. Si los ricos no pueden entrar en el reino de Dios, ¿quién podrá?, porque la riqueza era considerada una señal de la bendición de Dios; pero Jesús se percató de que al rico le faltaba algo en su vida, lo cual evitaba que pudiera ser su discípulo. Un comentarista explica este reto de una manera excelente: «El problema no consiste en que hayamos puesto nuestra fe a prueba y que haya fallado, sino, más bien, que probamos las riquezas y descubrimos que son adictivas y que producto de ello descubrimos que seguir a Cristo no nos conviene».[19] Este asunto nos plantea un reto espiritual importante: ¿qué es lo que nos domina? Así que, pasamos de haber estado observando la historia a observarnos nosotros mismos.

Imagínate que estás entre la multitud cuando el dirigente rico se acerca a Jesús y que la conversación da un giro hacia ti. Imagínate que Jesús usa el mismo método y ofrece un resumen de los Diez Mandamientos y luego te dice: «Todavía te falta una cosa». ¿Cuál de los mandamientos te faltaría? De entre los Diez Mandamientos, ¿cuál de los que se relacionan con amar al prójimo te falta y que dificulta que cumplas aquellos que tienen que ver con amar a Dios?

Hágase tu voluntad en la tierra como en el cielo.

Todos los Diez Mandamientos se repiten y se ponen en práctica en distintas partes del Nuevo Testamento.[20] Estos pasajes nos ofrecen una perspectiva útil para que podamos explorar si «todavía nos falta una cosa». Considera estos pasajes del Nuevo Testamento donde se reafirman aquellos mandamientos en torno a amar al prójimo para que puedas meditar respecto a tu vida en Cristo:

- ¿Honramos a nuestro padre y nuestra madre? (Ef 6.1–3)
- ¿Guardas sentimientos de odio e ira contra tu prójimo, los cuales dice la Biblia que equivalen a matar? (Mt 5.21–26; 1Jn 3.11–15)
- ¿Das rienda suelta a pensamientos adúlteros en tu corazón? (Mt 5.27–30; Ro 13.9)
- ¿Robas? (Ro 13.9; Ef 4.28)
- ¿Mientes? (Mt 5.33–37; Ef 4.25; 1Jn 4.20)
- ¿Codicias los bienes de tu prójimo y te consume la envidia? (Ro 13.9; Ef 5.3; Stg 4.2)

¿Cuál de ellos ha logrado dominar tu vida que se ha vuelto tu dios? Predicas acerca de Dios, ¿pero es él el Dios de tu vida? Nada de este asunto es fácil de meditar, pero, en calidad de predicadores de las Escrituras, es indispensable hacerlo. En Lucas 18.18–27, el dirigente

---

[19] Simon, *How Much is Enough?*, 21.
[20] Fee y Stuart, *How to Read the Bible*, 174–175.

rico era alguien en quien los demás podían decir que gozaba del favor de Dios. Pero Jesús puso aquello en duda y destapó la vida del dirigente rico para demostrar sus profundas carencias. En calidad de predicadores, nosotros también podemos ser vistos por los demás como gente que goza del favor de Dios. Predicamos su palabra y hablamos en su nombre. Los demás pueden decir que gozamos de una profundidad espiritual; sin embargo, solo Dios sabe cuán verdadero es ello. Así que el dirigente rico nos representa. La pregunta que le formuló a Jesús y su posterior respuesta nos da la oportunidad de tener la misma conversación con Jesús. Encuentra tu lugar en esta historia del evangelio. Preséntate delante de Jesús y pregúntale si «todavía te falta una cosa».

En uno de los países que he visitado para llevar a cabo entrenamientos de predicación, no se permite a los visitantes que ingresen con dinero en moneda extranjera, por lo que deben cambiarlo por la moneda local, lo cual significa que no tiene sentido salir de ese país con dinero en esa moneda. Cada vez que visito aquel país y se aproxima mi tiempo de retornar al mío, me pongo a pensar en el significado de la muerte. Es imposible que me lleve mi dinero para usarlo en el lugar a donde voy. Así que, al final de cada viaje, me entusiasma el hecho de saber que tengo que gastar el dinero que tengo a mano. Una parte se la doy a los demás, y otra trato de usarla. Sin embargo, me aseguro de que me quede algo en caso de que, a último minuto, lo necesite en el aeropuerto.

En uno de mis viajes me encontraba en el aeropuerto a punto de retornar a casa. Al llegar, inmediatamente una persona que tenía aspecto de funcionario del lugar me ayudó con mi equipaje y me llevó al mostrador de la aerolínea. Pensé que trabajaba para el aeropuerto. Luego de la facturación, el hombre seguía allí de pie con su mano extendida. Entonces me di cuenta de que el hombre no era empleado del aeropuerto y que, más bien, ofrecía sus servicios de ayuda a extranjeros, y ahora quería que se le pagara. Esta era la oportunidad para que no me quedara nada de dinero local en el bolsillo, pero debo confesar que el incidente me causó malestar porque me sentí engañado. Le entregué algo de dinero, pero muy poco. Si hubiera tenido más dinero a mano, se lo hubiera dado. Ahora, ambos nos sentíamos enojados. Me sentía enojado por haber tenido que darle dinero, y él se sentía enojado por ver lo poco que le había dado. Cada uno tomó su rumbo. Más tarde me confrontó el hecho de que aquella pequeña cantidad de dinero que le había dado a aquel hombre era proporcional a la pequeñez de mi corazón. Sentí vergüenza por haberme enojado por aquel incidente. Me causó malestar el hecho de que le había dado tanta importancia a tan insignificante cantidad de dinero. Estoy seguro de que aquel día Jesús me habría dicho: «Todavía te falta una cosa».

Hágase tu voluntad en la tierra como en el cielo.

Quizá sientas temor de que Dios te conteste esta oración en tu vida. Tal vez temas renunciar a algo porque ello causaría un gran vacío en tu vida. Te has acostumbrado a cierto estilo de vida, incluso si contradice al evangelio. No te imaginas poder vivir sin lo que se te pide que entregues. Tan solo pensar que lo perderías produce una gran tristeza en ti. Incluso podrías llegar a creer que tu futuro como predicador podría llegar a su fin. Jesús le dijo al dirigente rico que todavía le faltaba algo y luego le pidió que creara un gran vacío: vender todo lo que tenía y que se lo diera a los pobres. Cuando llegamos a descubrir cuál de los mandamientos en torno a amar a nuestro prójimo es el que nos falta, nos damos cuenta de aquella área de nuestra vida en la que no queremos que Dios tenga el control. Llegar a darnos cuenta de esto constituye un gran reto.

Entonces, pasamos de haber visto la historia a habernos observado y ahora ver a Dios.

El dirigente rico se entristeció. Tan solo pudo ver lo que estaba por perder, no lo que habría de ganar. Jesús le prometió que si hacía lo que se le había pedido, «tendrás tesoro en el cielo. Luego ven y sígueme» (Lc 18.22). Tenemos aquí una clara conexión con «hágase tu voluntad en la tierra como en el cielo»; pero el dirigente rico no pudo decirle sí a Jesús. Los que presenciaron ese encuentro estaban consternados. «Entonces, ¿quién podrá salvarse?» (Lc 18.26). Es posible que tú también compartas la misma consternación cuando observes al ídolo que ejerce poder en tu vida y sientas dudas si podrás deshacerte de él. Pero el evangelio nos muestra que Dios crea un vacío en tu vida con el propósito de traerte satisfacción plena. Esta historia ilustra de una manera ejemplar todo ello. Nos ilustra las palabras de Jesús: «Porque el que quiera salvar su vida la perderá; pero el que pierda su vida por mi causa la salvará» (Lc 9.24). El dirigente rico sirve de ejemplo cuando se gana el mundo, pero se pierde la vida (Lc 9.23–26).

Hágase tu voluntad en la tierra como en el cielo.

Jesús les aclaró que no perdieran la esperanza: «Lo que es imposible para los hombres es posible para Dios» (Lc 18.27). En Romanos 7, Pablo ofrece una reflexión en torno a sus batallas internas, donde se esfuerza por hacer lo correcto delante de Dios, pero que fracasa a menudo. Se enfrenta a la imposibilidad de derrotar a sus impulsos pecaminosos porque confía en sus esfuerzos humanos. Su reflexión honesta y franca encaja con esta historia de Lucas 18. También es pertinente su reflexión en torno a la diferencia que Dios marca por medio de las palabras de Jesús cuando decidimos seguirlo: «¡Soy un pobre miserable! ¿Quién me librará de este cuerpo mortal? ¡Gracias a Dios por medio de Jesucristo nuestro Señor!» (Ro 7.24–25).

Hágase tu voluntad en la tierra como en el cielo.

Reflexión

«Todavía te falta una cosa». Imagínate que Jesús te dirija estas palabras. ¿Cuál de los Diez Mandamientos revela aquel vacío de tu vida?

Oración

Hágase tu voluntad en la tierra como en el cielo.

Danos hoy
nuestro pan cotidiano

Oración para predicadores
que deseen suplir sus necesidades básicas

Lucas 18.28–30
—Mira —le dijo Pedro—, nosotros hemos dejado todo lo que teníamos para seguirte.

—Les aseguro —respondió Jesús— que todo el que por causa del reino de Dios haya dejado casa, esposa, hermanos, padres o hijos recibirá mucho más en este tiempo; y en la edad venidera, la vida eterna.

En la película *La apuesta perfecta* (2007) se cuenta la historia de tres personajes que logran destruir sus vidas debido a su adicción al juego de apuestas. El film empieza con uno de los protagonistas que dice lo siguiente:

Si quiere usted saber la verdad acerca de alguien, descubra qué es lo que sueña y luego investigue en retroceso. Todos perseguimos algo. Más dinero, más amor. No lo sé, quizá lo intentan tan solo una vez más. Lo que realmente buscamos es vivir más. Así es, señor, más de esta hermosa vida. Pero si usted no tiene cuidado, quizá salga a buscar más y termine con menos.

Estas palabras contienen una alarmante advertencia acerca de la manera en que podemos llegar a vivir la vida. Podemos vivirla de una manera destructiva tan solo para llegar a descubrir la muerte y no la vida. Podemos invertir nuestros esfuerzos en lo que creemos que logrará satisfacernos tan solo para descubrir que no tenemos nada y seguimos con hambre.

Danos hoy nuestro pan cotidiano.

Lo que Pedro le mencionó a Jesús parece reflejar en su esencia esta preocupación. Cuando le dijo: «Nosotros hemos dejado todo lo que teníamos para seguirte» (Lc 18.28), en realidad le preguntó: «¿Valió la pena?, ¿hemos encontrado la vida?». Pedro plantea esta pregunta porque Jesús acababa de hablar con el dirigente rico (Lc 18.18–27), a quien desafió a que vendiera todo lo que tenía y lo siguiera, pero este se entristeció porque tenía mucho dinero. Jesús aprovechó esto para decir cuán difícil era que un rico entrase en el reino de Dios. Sus palabras causaron un escándalo, pues en esos tiempos se creía que las riquezas eran una bendición divina. Entonces, si el dirigente rico no podía entrar en el reino, ¿qué posibilidades tendrían los demás? Habiendo presenciado esta conversación, Pedro decidió verificar con Jesús la posibilidad de entrar en el reino respecto a él y los demás discípulos. «¡Hemos dejado todo lo que teníamos para seguirte! ¿Hemos alcanzado la vida eterna? ¿Vale la pena lo que estamos haciendo?». Detrás de esta interrogante se halla la necesidad de saber la respuesta a esta pregunta: «¿Qué recompensa recibiré por seguirte?». Jesús acababa de redefinir el lugar que ocupaban las riquezas en la vida de los discípulos. Entonces, ¿y ahora qué? En las palabras de Pedro se percibe la noción de que Dios nos debe algo.

Danos hoy nuestro pan cotidiano.

La pregunta de Pedro es a favor nuestro, no solo de los discípulos que estaban presentes aquel día. Nuestro corazón sufre de anhelo, el cual quiere saber con certeza que Dios reconoce nuestra labor hacia él y su misión. En mayor o menor grado, anhelamos ver señales de que lo que hacemos por Dios produce cierta clase de recompensa y reconocimiento. Cuando me refiero a esto, no doy a entender el deseo de recibir palabras de aliento y de críticas positivas luego de que predicamos. Aquello es normal y correcto. Somos humanos y necesitamos saber si nuestra predicación logra ayudar a los demás y en dónde podemos mejorar. De modo que no me refiero a aquella clase de recompensa y aquel reconocimiento.

La clase de anhelo a la que me refiero es una que es peligrosa. Aquella que logra cambiar nuestro corazón paulatinamente, y que nos hace pensar en que Dios nos debe algo. Este anhelo nos tiene enfrascados en la búsqueda de recompensas y reconocimientos que terminan alejándonos de la vida de Dios. Un ejemplo de ello es el hermano mayor en la parábola del hijo pródigo (Lc 15.11–32). Cuando se da cuenta de que su arrepentido hermano menor es recibido en casa, el mayor se queja amargamente delante de su padre: «¡Fíjate cuántos años te he servido sin desobedecer jamás tus órdenes, y ni un cabrito me has dado para celebrar una fiesta con mis amigos! ¡Pero ahora llega ese hijo tuyo, que ha despilfarrado tu fortuna con prostitutas, y tú mandas matar en su honor el ternero más gordo!» (Lc 15.29–30).

El peligro que todos corremos es que dicha ira puede ya estar en nuestros corazones sin que nosotros lo sepamos. Esta ira crece cuando llegamos a creer que Dios no nos ha dado lo que nos amerita. A menudo, pero no siempre, estas expectativas giran en torno a las riquezas y los bienes materiales.

Una pregunta que nos sirve para probarnos es la siguiente: «¿Cuánto dinero sería suficiente para que yo dejara de predicar?». Antes de que descartes la pregunta porque no crees que es pertinente para tu situación, considera las tentaciones de Jesús (Lc 4.1–13). Satanás le ofreció cosas y oportunidades que hubieran podido satisfacer distintas clases de anhelos, pero todas requerían que traicionara a su Padre y su misión. Dos de las tres tentaciones se relacionaban con necesidades físicas y riquezas.

Un día, una de las parejas de la iglesia donde yo servía como pastor, me pidió con insistencia si podían reunirse conmigo y mi esposa. Pensé que se trataba de alguna situación urgente; pero cuando llegaron a nuestra casa, empezaron a hablarnos de un plan para ganar mucho dinero, al que querían que nos afiliásemos. Nos mostraron un folleto en colores muy bien hecho, que contenía testimonios de personas que habían logrado ganar tanto dinero que ya no necesitaban trabajar. Nos resaltaron un caso en particular. El de un pastor, que luego de haberse afiliado al programa, ya no tenía la necesidad de seguir en el ministerio. Tanto él como su esposa tenían el dinero suficiente como para disfrutar de vacaciones permanentes. Les expliqué que el caso que me acababan de contar había tenido el efecto contrario que el que ellos anticipaban.

En Génesis 3, la mentira que la serpiente usó con Adán y Eva consistió en decirles que Dios los había engañado, pues Él podía darles mucho más de lo que ya estaban recibiendo. Esta mentira aún tiene la habilidad de causar en nosotros que exijamos recompensas y reconocimiento de parte de Dios:

> Hay un gran espejismo por todo el mundo (se dice que el siseo proviene de una astuta serpiente) que dice que Dios es un aguafiestas y que si lo seguimos nos robará los placeres que nos pertenecen, nos quitará nuestra satisfacción y felicidad. Un segundo espejismo afirma que si hacemos lo que se nos antoja hacer, seremos bendecidos. Esta pócima es embriagante. Pero es puro veneno.[21]

«Nosotros hemos dejado todo lo que teníamos para seguirte». Me pregunto: ¿qué esperas de parte de Dios como producto de los sacrificios que has tenido que hacer como predicador?

El apóstol Pablo nos ofrece un caso muy útil de alguien que lo dejó todo para seguir a Jesús. Cuando estuvo en la cárcel, escribió una carta a la iglesia de Filipos. Les escribió acerca de la naturaleza de su recompensa y reconocimiento: «Sin embargo, todo aquello que para mí era ganancia, ahora lo considero pérdida por causa de Cristo. Es más, todo lo considero pérdida por razón del incomparable valor de conocer a Cristo Jesús, mi Señor. Por él lo he perdido todo, y lo tengo por estiércol, a fin de ganar a Cristo y encontrarme unido a él» (Fil 3.7–9). Pablo prosigue describiendo su experiencia con Jesús. La medida de la recompensa y el reconocimiento de parte de Dios es en proporción a la presencia de Cristo y no a las posesiones materiales: «Sé lo que es vivir en la pobreza, y lo que es vivir en la abundancia. He aprendido a vivir en todas y cada una de las circunstancias, tanto a quedar saciado como a pasar hambre, a tener de sobra como a sufrir escasez. Todo lo puedo en Cristo que me fortalece» (Fil 4.12–13).

Las palabras de Pablo nos ofrecen una visión de la respuesta que Jesús presentó frente a las quejas de Pedro. Jesús le prometió a este que

---

[21] Simon, *How Much Is Enough?*, 81.

cualquiera que deje a sus seres queridos o sus posesiones materiales recibirá «mucho más en este tiempo; y en la edad venidera, la vida eterna» (Lc 18.29–30).

A lo largo de la historia, hemos tenido ejemplos de personas que han logrado entender esto y nos han ofrecido consejos muy útiles. En el siglo XVI, un personaje de la iglesia escribió:

> El hombre es criado para alabar, hacer reverencia y servir a Dios nuestro Señor [...] Por lo cual es menester hacernos indiferentes a todas las cosas criadas, en todo lo que es concedido a la libertad de nuestro libre albedrío y no le está prohibido; en tal manera que no queramos de nuestra parte más salud que enfermedad, riqueza que pobreza, honor que deshonor, vida larga que corta, y por consiguiente en todo lo demás; solamente deseando y eligiendo lo que más nos conduce para el fin que somos criados.[22]

Se trata de una hermosa recompensa: desear y elegir lo que más nos conduce para el fin que hemos sido creados. Esta revelación nos invita a ver más allá de los tantos aspectos que nos hacen medir la calidad de vida (p. ej., riquezas, salud, éxito, etc.) y más bien lograr discernir la vida de Dios en todas las circunstancias. La medida final de nuestra recompensa y reconocimiento es la vida de Dios en nosotros. El rabino Abraham Joshua Heschel escribió: «No te pedí que me dieras el éxito; te pedí que me dieras un sentimiento de asombro. Y me lo diste».[23]

Danos hoy nuestro pan cotidiano.

En 1922, unos arqueólogos descubrieron la tumba del faraón Tutankamón, que vivió y murió unos mil trescientos años antes de Cristo. Una de las razones por la que es famoso es porque, cuando su tumba fue descubierta, se la halló casi intacta. El mundo pudo observar los aspectos internos de una antigua civilización y algunas de sus grandes riquezas.

---

[22] Nota del traductor: el autor ha recurrido a una cita traducida y adaptada al inglés contemporáneo respecto a los Ejercicios Espirituales de Ignacio de Loyola. El traductor moderno de Loyola (David Fleming, SJ) ha añadido al ejercicio 23 una porción que no existe en el original castellano (*I choose what better leads to God's deepening life in me*), la cual es muy citada en obras en inglés y que podría causar cierta confusión, si bien concuerda con el pensamiento de Loyola. Esta misma frase es la que el autor de esta obra ha citado, la cual hemos tenido que adaptar ciñéndonos al original de Loyola, con la ortografía del siglo XVI. Ignacio de Loyola (c. 1491/93–1556), Ejercicios Espirituales 23.

[23] Heschel, *I Asked for Wonder*, 7.

Hace unos años me encontraba en Melbourne, Australia, donde se llevaba a cabo una exhibición de algunos de los tesoros de Tutankamón que fueron traídos directamente de Egipto. Pude pasear por las habitaciones llenas de toda clase de objetos maravillosos, todos los cuales tenían un valor inconmensurable. No salía de mi asombro al ver la calidad de los acabados y los grabados, de las figuras de oro y otros metales preciosos, todos elaborados hace tres mil años. No obstante, si bien hubo mucho que ver, esto era tan solo una pequeña muestra de todo lo que había sido encontrado en la tumba. La mayor parte del tesoro aún se encontraba en Egipto.

Finalmente, llegué al final de la exhibición, que conducía a una tienda. En ella se encontraban un sinnúmero de recuerdos en torno a Tutankamón. Acababa de pasar más de una hora viendo la exhibición de los tesoros de la tumba del rey y ahora se me invitaba a comprar obsequios que me hicieran recordar aquella experiencia. En aquel momento me impactó un tremendo contraste. Había visto las grandes riquezas de la tumba del rey Tutankamón; en cambio, lo único que se pudo hallar en la tumba del Rey de reyes fue su sudario (Jn 20.5-7). El contraste era sobrecogedor, no solo por lo dicho, sino porque el Rey de reyes se deshizo de sus riquezas y se volvió semejante a nosotros (Fil 2.6-7). Él mismo dejó los lujos del cielo para aferrarse a la pobreza de la tierra.

Danos hoy nuestro pan cotidiano.

Así que, cuando alguien, como Pedro, diga: «Nosotros hemos dejado todo lo que teníamos para seguirte», se le responderá «que todo el que por causa del reino de Dios haya dejado casa, esposa, hermanos, padres o hijos recibirá mucho más en este tiempo; y en la edad venidera, la vida eterna».

Danos hoy nuestro pan cotidiano.

Reflexión

¿Qué recompensa y reconocimiento esperas recibir por seguir a Jesús? ¿Están tus expectativas más a la par con el apóstol Pablo o con el hermano del hijo pródigo?

Oración

Danos hoy nuestro pan cotidiano.

Perdónanos nuestras deudas, como también nosotros hemos perdonado a nuestros deudores

Oración para predicadores que deseen mayor entendimiento

Lucas 18.31–34

Entonces Jesús tomó aparte a los doce y les dijo: «Ahora vamos rumbo a Jerusalén, donde se cumplirá todo lo que escribieron los profetas acerca del Hijo del hombre. En efecto, será entregado a los gentiles. Se burlarán de él, lo insultarán, le escupirán; y, después de azotarlo, lo matarán. Pero al tercer día resucitará».

Los discípulos no entendieron nada de esto. Les era incomprensible, pues no captaban el sentido de lo que les hablaba.

Un comediante dijo una vez que «todo chiste sucede a costa de alguien más». Han pasado más de treinta y cinco años desde que leí aquella cita y se me ha quedado grabada. La persona que paga las consecuencias del chiste puede ser la misma que lo oye o lo cuenta, o podría ser un grupo de personas que no están presentes. Aquella cita no ha hecho que deje de disfrutar de los chistes o de hacerlos, pero sí ha logrado cambiar el uso que le doy al humor. A veces ha evitado que yo haga chistes que ofendan a los demás. En otras ocasiones, me he percatado de ello cuando ya era demasiado tarde. He hecho algún comentario chistoso y luego me he acordado que «todo chiste sucede a costa de alguien más». Los que me escuchaban decir el chiste o incluso los ausentes pagaron el precio de este. Ello jamás cae bien a nadie.

«Todo chiste sucede a costa de alguien más».

Si todo chiste sucede a costa de alguien más, ¿cuánto más lo será el perdón?

Todo perdón sucede a costa de alguien más.

¿Recuerdas aquellas ocasiones en las que tuviste que pedir perdón? Tuviste que reconocer tus errores y arrepentirte delante de Dios o de alguien más. Tus defectos te confrontan. Pedir perdón es costoso.

¿Recuerdas aquellas ocasiones en las que debiste perdonar a alguien? Ello requiere que liberes la ofensa que se cometió contra ti. Es como si soltaras de tus manos el dolor que has sufrido para que, en señal de paz, puedas asir la mano del que te hirió. Perdonar a alguien es costoso.

Perdónanos nuestras deudas, como también nosotros hemos perdonado a nuestros deudores.

En el pasaje de las Escrituras que tenemos delante de nosotros, Lucas 18.31–34, vemos el precio final del perdón. Jesús describe su sufrimiento de modo detallado. Menciona dónde, por qué y cómo sufrirá.

- ¿Dónde? En Jerusalén, la ciudad de Dios.
- ¿Por qué? Para que se cumplan las Escrituras, que hablan de la redención que vendrá de parte de Dios.
- ¿Cómo? Será entregado a los romanos y se describe la manera en que morirá.

Jesús termina su descripción de los hechos afirmando con certeza lo siguiente: «Pero al tercer día resucitará» (Lc 18.33). Lucas, que es el autor de este evangelio, termina la descripción dando a conocer la confusión de los apóstoles: «Los discípulos no entendieron nada de esto. Les era incomprensible, pues no captaban el sentido de lo que les hablaba» (Lc 18.34).

Esta afirmación capta las dificultades y misterios que enfrentamos cuando tratamos de poner en práctica una vida que muestre la redención y el perdón de Dios. Por un lado, las palabras de Lucas 18 nos ofrecen una imagen clara del misterio respecto al perdón de Dios:

podemos captar el sufrimiento, la muerte y la resurrección de Jesús, comprendemos que se trata de la manera en que Dios trata con el pecado de la humanidad. Por otro lado, nos dan una imagen realista del misterio respecto al perdón de Dios. Podemos captar el sufrimiento, la muerte y la resurrección de Jesús; sin embargo, no entendemos completamente cómo es que Dios trata con el pecado de la humanidad:

> No hay duda de que es grande el misterio de nuestra fe:
>> Él se manifestó como hombre;
>>> fue vindicado por el Espíritu,
>> visto por los ángeles,
>>> proclamado entre las naciones,
>> creído en el mundo,
>>> recibido en la gloria. (1Ti 3.16)

Quizá sea cierto decir que hay días en los que captamos lo que dice Lucas 18.31–33, y entendemos la naturaleza del sufrimiento, la muerte y la resurrección de Jesús. Luego habrá días en los que estamos confundidos y, así como los doce, no entendemos.

Lucas 18.31–33 funciona como si fuera un mapa de nuestro viaje que nos lleva a alcanzar el perdón. Los versículos que describen detalladamente el sufrimiento y la muerte de Jesús (Lc 18.31–33) nos muestran el alto precio que se tuvo que pagar. Vemos que se trata de un viaje. El versículo que habla de su resurrección (Lc 18.33) nos da la visión de una vida restaurada. Vemos el destino final. El versículo final (Lc 18.34) nos hace ver nuestras limitaciones. Por momentos podemos hallarnos perdidos en medio de ello.

Cuando me estaba formando para la vocación pastoral, la persona que se hallaba a cargo nos contó una historia de cuando fue capellán en un hospital. Había visitado a una paciente varias veces. En cada visita, ella le contaba, como si siempre fuera la primera vez, la misma historia sobre una falta que había cometido en una ocasión. Luego de haberla escuchado varias veces, él empezó a sentirse algo frustrado. Por ello, durante una de las visitas, mientras la paciente volvía a contarle la misma historia, el capellán no pudo contenerse y, sin rodeos, le dijo: «¡Estás perdonada!». Entonces, la mujer, tomándolo de los hombros y acercándolo a ella cara a cara, le dijo: «¡Gracias a Dios!, ¡gracias a Dios!, ¡gracias a Dios!».

He aquí un ejemplo de alguien que sabía muy bien que Dios perdona, pero que no podía alcanzar aquel destino final de conocer con certeza aquel perdón. Al haber sido un medio para que la paciente lo experimentase, el capellán pudo también experimentar aquel misterio del perdón.

Perdónanos nuestras deudas, como también nosotros hemos perdonado a nuestros deudores.

Durante mi primer año de pastor tuve muchos momentos de espanto respecto a lo que me confesaban los miembros de la iglesia. Gente casi desconocida pedía hablar conmigo. Me contaba de pecados secretos que habían ocultado durante muchos años. Cada persona prácticamente me confesaba la misma cosa: «Ya que usted es nuestro pastor, creo que debería saber esto». Lo que me sorprendió es saber que habían rogado a Dios por su perdón, pero que todavía sentían la urgencia de confesarme sus pecados. Una vez más, esto recalca la claridad y la confusión que la gente sufre cuando desean sentirse perdonada.

Sin embargo, ¿qué sucede contigo, predicador, qué sucede con aquellos momentos cuando sabes la manera en que se da el perdón (Lc 18.31–33), pero que, a pesar de ello, eres como los doce discípulos, inseguro acerca de la forma en que puede suceder en tu propia vida (Lc 18.34)? El modo en que se ha redactado Lucas 18.31–34 nos ofrece un resumen preciso respecto de los momentos difíciles que atraviesan los predicadores. Logran predicar los contornos del evangelio con emoción y precisión. Pueden predicar los versículos 31 al 33 y decirle a su congregación lo que le sucedió a Jesús en Jerusalén. Pueden predicar acerca del juicio a Cristo, las burlas, los insultos y las torturas que sufrió; pueden describir las imágenes de horror de la crucifixión y la increíble alegría de la resurrección; pero, mientras predican este evangelio, secretamente sufren la confusión del versículo 34: su significado permanece oculto. Se trata de una carga pesada que deben llevar, especialmente cuando uno tiene que pararse delante de la congregación para predicar la palabra de Dios. He tenido la oportunidad de conversar con predicadores que secretamente llevan a cuestas esa vergonzosa carga por sus pecados y sufren por alcanzar los efectos liberadores del perdón de Jesús. Cuando predican, lo hacen con sinceridad, pero se sienten vacíos. De hecho, hay temas y porciones de las Escrituras que se les hace imposible predicar porque se sienten unos hipócritas.

Yo mismo, como pastor, he atravesado momentos en los que me he sentido estar bajo el juicio de Dios, y no me he podido librar de aquel sentimiento de temor. He sentido que Dios, de alguna manera, me ha estado juzgando. No me era posible saber la razón por la que me sentía así. Conocía el evangelio del perdón; sin embargo, por alguna razón, no podía experimentarlo. Se podría decir que conocía muy bien Lucas 18.31-33 pero estaba experimentando Lucas 18.34. Por último, logré conversar con un hermano cristiano con el que me reunía con frecuencia. Le dije: «No sé por qué, pero siento que Dios me está juzgando. Sé qué decir cuando debo alentar a alguien que atraviesa por las mismas circunstancias, pero no funciona conmigo. No puedo deshacerme de este sentimiento de juicio divino». El hermano cristiano, que me escuchaba con atención, sonrió y me dijo: «¡Qué curioso… así que la cruz es insuficiente!». Lo dicho por él contenía algo de ironía y habilidad para comunicar la idea central. El sentimiento de pavor desapareció de inmediato. Claro que la cruz es suficiente. Me di cuenta de que lo había perdido de vista y se me había olvidado que la cruz es suficiente.

Existen momentos para nosotros los predicadores cuando se nos hace más fácil predicar acerca del perdón que ponerlo en práctica en nuestras propias vidas; hay momentos cuando los predicadores se distancian del mismísimo mensaje de perdón que predican.

Perdónanos nuestras deudas, como también nosotros hemos perdonado a nuestros deudores.

Hay una catedral en Edimburgo, Escocia, donde se encuentra una inmensa pintura que lleva por título *La presencia*.[24] La pintura muestra una perspectiva desde el interior de la catedral como si uno estuviese viendo desde la parte trasera hacia el altar, todo bajo un tono oscuro. Hacia el frente, a la distancia, se encuentra el altar que resalta con una luz dorada. Los congregantes se encuentran alrededor del altar prontos a participar de la santa cena. Casi todas las sillas están vacías porque la mayoría se ha agrupado alrededor del altar. Sin embargo, en la parte

---

[24] La pintura fue hecha por A. E. Borthwick en 1910. Aparece en la Catedral Episcopal de Sta. María (Iglesia anglicana escocesa).

trasera, en la penumbra, una de las sillas vacías aparece hacia el lado izquierdo. Alguien ha dejado su silla, pero no ha pasado al frente para participar en la comunión. Cuando uno mira detenidamente la pintura, se percata de que una mujer está allí, arrodillada al pie de una de las grandes columnas junto a su silla vacía. Ella está sola, con angustia y alejada de los que se hallan al frente celebrando la eucaristía. Nadie sabe la razón por la que no ha pasado al frente para unirse a sus hermanos y sus hermanas en Cristo, pero su postura nos insinúa que está tratando de encontrar la paz con Dios. Está arrodillada, sus manos juntas y eleva plegarias con angustia. Se encuentra sola. Su postura se parece a la de muchos predicadores que tienen las obligaciones de un ministerio público, pero que en lo profundo sufren un dolor que los parte. Sin embargo, la mujer no está completamente sola. Al lado izquierdo de ella aparece la figura iluminada de Cristo, que le extiende la mano en señal de consolación y bendición. Cristo puede verla, a pesar de la oscuridad. A primera vista parece que Jesús se encuentra parado al lado de ella, pero no es así. En realidad está pasando al lado de la mujer, porque en aquella borrosa oscuridad y en medio de tantas sillas vacías, parece que hay más gente como ella. Dos o tres personas más casi no se dejan ver por la oscuridad, pero también sufren angustia. Tampoco han pasado al frente para unirse al gran grupo de congregantes. Sin embargo, pronto conocerán la presencia. Quizá una de aquellas personas seas tú, sentado en la oscuridad.

Perdónanos nuestras deudas, como también nosotros hemos perdonado a nuestros deudores.

Ruego a Dios que tú también llegues a saber que la cruz es suficiente y que conozcas la presencia del Cristo resucitado.

Reflexión

¿En qué área de tu vida aún luchas por saber del perdón de Dios?

Oración

Perdónanos nuestras deudas, como también nosotros hemos perdonado a nuestros deudores.

Y no nos dejes caer en tentación

Oración para predicadores que deseen sanidad

Lucas 18.35–43

Sucedió que al acercarse Jesús a Jericó, estaba un ciego sentado junto al camino pidiendo limosna. Cuando oyó a la multitud que pasaba, preguntó qué acontecía.

—Jesús de Nazaret está pasando por aquí —le respondieron.

—¡Jesús, Hijo de David, ¡ten compasión de mí! —gritó el ciego.

Los que iban delante lo reprendían para que se callara, pero él se puso a gritar aún más fuerte:

—¡Hijo de David, ten compasión de mí!

Jesús se detuvo y mandó que se lo trajeran. Cuando el ciego se acercó, le preguntó Jesús:

—¿Qué quieres que haga por ti?

—Señor, quiero ver.

—¡Recibe la vista! —le dijo Jesús—. Tu fe te ha sanado.

Al instante recobró la vista. Entonces, glorificando a Dios, comenzó a seguir a Jesús, y todos los que lo vieron daban alabanza a Dios.

Predicar es difícil. Ya sea que prediques de vez en cuando o lo hagas con frecuencia, descubrirás que escribir un sermón puede llegar a ser toda una batalla. Me gusta la manera en que un profesor de predicación describe esta lucha: «Alguien debe sufrir por el sermón. Si no es el predicador el que debe estar dispuesto a pagar el precio, entonces lo será la congregación».[25] La batalla puede llegar a tener un sinnúmero de formas. Por ejemplo, descubrir la idea central del pasaje bíblico para el sermón o quizá las distracciones que se deben encarar mientras uno trata de concentrarse para escribir. A veces la lucha es encontrar las ilustraciones y aplicaciones prácticas que concuerden con el pasaje bíblico. Con tan poco tiempo disponible antes del domingo, uno lucha para crear un sermón que sea claro y pertinente para los oyentes. Estas luchas pasan desapercibidas para muchos, pero tal como dice la cita anterior, si la batalla no la gana el predicador, la congregación pagará el precio. Sin embargo, aunque estas batallas sean duras, son una parte normal de toda predicación. Se libran sermón a sermón.

No obstante, hay otra clase de batalla que el predicador debe enfrentar. Esta no sucede sermón a sermón, sino semana tras semana, mes tras mes y, en el caso de algunos predicadores, año tras año. Es difícil describirla, pero involucra una lenta pérdida de la visión. El predicador lucha contra la tentación de dedicar cada vez menos tiempo a su superación espiritual y la preparación de su sermón. Un escritor describe el aspecto que podría tener esta tentación:

> Ya que las presiones de la vida pastoral van en aumento y «lo urgente» sustituye a lo realmente importante, decimos: «En fin, no pasará nada si tan solo *esta* semana no dedico tanto tiempo a la preparación de mi sermón». ¡Y he aquí que estábamos en lo cierto! Como de costumbre, la congregación sigue encantada con nosotros. «¡Buen sermón!», nos dicen cuando se despiden de nosotros al finalizar el culto. Semana tras semana nos vamos acostumbrando con cada vez menos estudio, menos oración y menos reflexión.[26]

Si bien la batalla es difícil de definir, sus consecuencias son obvias: el predicador empieza a perder lentamente su visión espiritual. La tentación por estudiar y orar cada vez menos se vuelve más intensa si seguimos creyendo que nadie se ha percatado del problema. La

---

[25] Larsen, *Anatomy of Preaching*, 89.
[26] Nieman, «Preaching that Drives People», 248. Énfasis en el original.

tentación a tomar atajos en la preparación del sermón se vuelve más seductora cada vez que uno de aquellos sermones logra un efecto positivo en la congregación. Si estas tentaciones se vuelven hábitos, un día descubriremos que nos hemos vuelto ciegos espirituales.

Y no nos dejes caer en tentación.

En Lucas 18.35–43 nos encontramos con la historia de un ciego sentado junto al camino pidiendo limosna. Jesús se encuentra rodeado de la multitud y pasando junto al mendigo. Este invidente que pide limosna representa al predicador que se ha vuelto espiritualmente ciego, que ha perdido lentamente la capacidad de descubrir el mensaje de las Escrituras y siente la necesidad de pedir limosna, cualquier cosa, con el fin de lograr escribir su siguiente sermón.

La historia de Lucas 18 es apremiante y urgente. También lo es la condición de aquel predicador que ha sucumbido a la tentación de reducir cada vez más su formación espiritual y la preparación del sermón.

La historia del ciego representa a todo predicador que se ha dado cuenta de que es un ciego que pide limosna. Hay preguntas que acechan su corazón y su mente: ¿Será que estoy perdiendo la habilidad de predicar? ¿Cuánto tiempo pasará hasta que la congregación se dé cuenta de que espiritualmente soy ciego? ¿Volveré a ver alguna vez?

En Lucas 18, el ciego oye que la multitud pasa a su lado y pregunta qué sucede. Le dicen: «Jesús de Nazaret está pasando por aquí» (Lc 18.36–37). Para los predicadores que han perdido su visión espiritual, esta respuesta podría sonar a buenas o malas noticias.

Buenas noticias: Jesús viene y se me está acercando. «Quizá sea una señal de que Dios se ha acordado de mí».

Malas noticias: Jesús está pasando por mi lado y no se ha detenido. «Quizá sea una señal de que Dios se ha olvidado de mí».

Ya sea que pienses que son buenas o malas noticias, el ciego de la historia nos deja una plegaria: «¡Jesús, Hijo de David, ¡ten compasión de mí!» (Lc 18.38). Sin embargo, las demás voces amenazan con ahogar su ruego. Los que dirige a la multitud lo reprochan y le dicen que se calle (Lc 18.39). En el caso de aquellos predicadores que han perdido su visión, es fácil que permitan que las voces de la multitud acallen sus ruegos. Esas voces pueden tomar la forma de lamentos o sentimientos de culpabilidad respecto al hecho de que nos hemos dejado caer en tal condición espiritual. Oímos las voces internas que nos gritan: «¡Cállate! No tienes derecho alguno a pedir ayuda». Escuchamos las voces externas de gente que nos cuenta de su fidelidad al ministerio de Cristo. El efecto que sufrimos al oír estos testimonios nos acalla porque, al compararnos a ellos, sentimos vergüenza porque hemos sido infieles. Nos sentamos junto al camino, ciegos por haber perdido la visión de nuestro ministerio en Cristo. Sentimos el peso de la tentación que proviene de las voces que nos reprochan con un ¡cállate!

Y no nos dejes caer en tentación.

El ciego nos debe servir de inspiración. En vez de callarse, empieza a gritar: «¡Hijo de David, ten compasión de mí!» (Lc 18.39). La razón por la que usa el título «Hijo de David» es para apelar a la realeza y majestad de Jesús el Mesías. Apela a aquel que tiene la autoridad de otorgar misericordia. Jesús logra escuchar los ruegos del ciego.

En Lucas 18.40–41 aparece una hermosa pausa en el relato y en la vida del ciego. En contraposición con la descripción inicial de la multitud y con el dato de que Jesús pasaba por ahí, leemos que «Jesús se detuvo y mandó que se lo trajeran» (Lc 18.40). A lo largo de las Escrituras, esto sucede a menudo con Dios. Frente a los gritos por misericordia, Él los oye y se detiene a atenderlos. Lo vemos también en la historia de Israel desde el Éxodo hacia adelante. Lo notamos en los relatos del evangelio, como en Marcos 5.25–34, cuando Jesús se detuvo porque una mujer había tocado su manto. Lo observamos en Mateo 15.21–28, cuando la mujer cananea gritó, casi palabra por palabra, la plegaria del ciego. ¿Crees que volverás a ver en tu vida? No caigas en la tentación de prestar atención a aquellas voces que dicen lo contrario.

Y no nos dejes caer en tentación.

El ciego es llevado delante de Jesús, quien le pregunta: «¿Qué quieres que haga por ti?» (Lc 18.41). La pregunta parece innecesaria. Claro que sabía que el hombre era ciego. Sin embargo, hay un elemento necesario y vivificante cuando uno le pide a Jesús lo que necesita. El ciego nos comparte otra plegaria: «Señor, quiero ver» (Lc 18.41).

En el caso de aquellos predicadores que lentamente van perdiendo su visión espiritual, ¿las palabras del ciego ofrecen una vía para poder recuperar la visión?

Ciertamente funcionaron conmigo.

Leí esta historia de Lucas 18 en un momento cuando sentía que estaba perdiendo mi visión espiritual de las Escrituras y mis habilidades de predicador. Estuve sufriendo durante varios meses estos temores de perder la visión. Cuando leí los ruegos del ciego, «Señor, quiero ver», me di cuenta de que eran también los míos. Entonces empecé a orar esta breve plegaria con frecuencia.

Un mes más tarde, tuve que viajar a Hyderabad, India, para llevar a cabo un taller de Langham Predicación junto con Paul Windsor (director internacional de Langham Predicación). Siempre viajo acompañado de un versículo bíblico para que me sostenga en el trayecto. Esta vez la plegaria del ciego fue mi acompañante. Después de todo, aún no había recuperado mi visión espiritual.

Cuando llegué al lugar del entrenamiento, Paul ya había estado allí unos días antes entrenando a otro grupo. Unos treinta minutos luego de yo haber llegado, terminó con su clase y me dijo: «Quiero mostrarte algo, pero tienes que cerrar los ojos». Entonces me llevó afuera y me repitió que cerrara los ojos. Se puso delante de mí, y, con los ojos cerrados, lo seguí asido de su hombro. Paul me dijo: «Esto te debe parecer extraño», y yo ya estaba pensando en que ello era justamente la historia de Lucas 18 en vivo; que yo era el ciego de la historia.

Luego de caminar por un momento, me dijo que abriera los ojos. Allí, delante de nosotros, había un gran patio donde se habían colocado en semicírculo una serie de piedras similares de gran tamaño, en cada una de las cuales había unas esculturas de bronce, debajo de las que se leía un versículo de Génesis 1–2 sobre los días de la creación. Junto a cada versículo de Génesis, había otro versículo, en su mayoría del libro del Apocalipsis, respecto a la promesa de la nueva creación. Allí estaban: grandes piedras junto a sus esculturas, una para cada día de la creación, y toda la historia bíblica representada por versículos del primero y del último libro de la Biblia. Las escamas de mis ojos empezaron a caerse.

Paul me hizo cruzar el patio hacia la siguiente escultura. Esta es la razón por la que me dijo que cerrara los ojos. Habíamos pasado junto a esta segunda escultura para llegar a las piedras. Si hubiera logrado verla antes que las piedras, toda la historia se habría echado a perder.

Ahora tenía delante de mí otro versículo en una placa: «En ese momento se les abrieron los ojos (Gn 3.7)». En el piso se encontraba otra escultura de una persona con su rostro hacia abajo con muestras de desesperación y aflicción, cubriéndose la cabeza con sus manos. La figura comunicaba una sola emoción: angustia. En frente de ella se hallaban dos pedazos de fruta que mostraban dos mordiscos, y en medio del cuerpo se veía un hoyo profundo, es decir, los efectos de haberse rebelado contra el mandamiento de Dios de no comer del árbol del conocimiento del bien y del mal (Gn 2.16–17).

Luego Paul me dijo que mirara más allá de esta figura que representaba la humanidad caída. Allí, sobre la entrada del lugar donde se llevarían a cabo los talleres, se leía un versículo de la Biblia con letras doradas: «¡Por medio de ti serán bendecidas todas las familias de la tierra! (Gn 12.3)»: la gran promesa a Abraham y de la que todos pueden beneficiarse.

Así que teníamos delante de nosotros un triángulo magnífico del testimonio bíblico: los días de la creación desde Génesis hasta la nueva creación en el Apocalipsis, la terrible realidad y recordatorio de las consecuencias del pecado, y la maravillosa promesa respecto a cómo redimirá su creación.

Estaba impresionado. Mi oración «Señor, quiero ver» había sido contestada. Luego Paul, desconociendo completamente lo que yo había estado pidiendo a Dios durante el último mes y los últimos minutos, me dijo: «Quería que lo vieras». En aquel momento escuchaba las palabras de Paul, pero en realidad eran las del Espíritu de Dios.

Durante los siguientes días, bien temprano por la mañana, me sentaba en uno de los asientos colocados en medio de las piedras que contaban la historia de la creación. Literalmente estuve sentado en medio de toda la historia bíblica desde Génesis hasta Apocalipsis. Desde allí podía también ver la promesa de Génesis 12.3 ubicada por sobre la entrada del salón de conferencias y el lugar donde se representaba Génesis 3.7. Estaba rodeado de toda la historia de la creación, la caída y la redención. Había logrado recuperar mi visión de predicador. Sin embargo, con ello vino también una advertencia. Me di cuenta de que entre cada piedra había plantas, las cuales no solo eran hermosas, sino que también tenían grandes espinas. La presencia de estas espinas en medio de los versículos de Génesis y Apocalipsis me recordaba la parábola del sembrador (Mr 4.1–20). Quizás una de las razones por las que había perdido mi visión de predicador fueron aquellas «espinas» que asfixiaron la palabra en mi vida; en particular, las preocupaciones de esta vida (Mr 4.19).

Y no nos dejes caer en tentación.

Ahora que mis ojos se volvían a acostumbrar a la historia bíblica, el final del relato de Lucas 18 me llegó al alma (Lc 18.42–43): «¡Recibe la vista! —le dijo Jesús—. Tu fe te ha sanado. Al instante recobró la vista. Entonces, glorificando a Dios, comenzó a seguir a Jesús, y todos los que lo vieron daban alabanza a Dios».

Estas palabras de Jesús no solo pronuncian sanidad para predicadores ciegos que piden limosna, pues la manera en que las dice también afirma su compromiso. Él manifiesta satisfacción en sus palabras «Tu fe te ha sanado». En cierto sentido, tu búsqueda y deseo de Dios es algo que le place, y es un elemento explícito en la afirmación de Jesús. Tú le has rogado que tenga misericordia de ti y que te devuelva la vista. Con gran satisfacción, Él se detiene por un momento, te llama y te dice: «Recibe la vista… tu fe te ha sanado».

Esto produce una renovación y profundización de tu compromiso de seguir a Jesús y, para aquellos que logran escuchar tu testimonio, una razón para alabar a Dios.

Reflexión

Responde la pregunta de Jesús: «¿Qué quieres que haga por ti?».

Oración

Y no nos dejes caer en tentación.

Sino líbranos del maligno

Oración para predicadores que deseen ser restituidos

Lucas 19.1–10

Jesús llegó a Jericó y comenzó a cruzar la ciudad. Resulta que había allí un hombre llamado Zaqueo, jefe de los recaudadores de impuestos, que era muy rico. Estaba tratando de ver quién era Jesús, pero la multitud se lo impedía, pues era de baja estatura. Por eso se adelantó corriendo y se subió a un árbol sicómoro para poder verlo, ya que Jesús iba a pasar por allí.

Llegando al lugar, Jesús miró hacia arriba y le dijo:

—Zaqueo, baja en seguida. Tengo que quedarme hoy en tu casa.

Así que se apresuró a bajar y, muy contento, recibió a Jesús en su casa.

Al ver esto, todos empezaron a murmurar: «Ha ido a hospedarse con un pecador».

Pero Zaqueo dijo resueltamente:

—Mira, Señor: Ahora mismo voy a dar a los pobres la mitad de mis bienes y, si en algo he defraudado a alguien, le devolveré cuatro veces la cantidad que sea.

—Hoy ha llegado la salvación a esta casa —le dijo Jesús—, ya que este también es hijo de Abraham. Porque el Hijo del hombre vino a buscar y a salvar lo que se había perdido.

Jericó hace su aparición muy temprano en la Biblia y llega a ocupar un lugar prominente en la historia del Éxodo, a la cual se incorpora cuando los israelitas llegan a las puertas de la tierra prometida, luego de que Moisés los llevara por el desierto durante cuarenta años. Al otro lado del río Jordán, Jericó se erguía como una fortaleza que obstaculizaba el paso de Israel a la tierra prometida, por lo cual para este representaba un obstáculo en el camino hacia Dios.

Antes de su muerte y de que Israel intentara cruzar el Jordán, Moisés le encargó a Josué que asumiera la dirigencia de su pueblo. Él obedeció las instrucciones de Dios; logró conquistar la ciudad (Jos 6) y, luego de destruirla, lanzó una maldición sobre todo aquel que intentase reconstruirla (Jos 6.26), ya que no deseaba volver a verla nunca jamás. Unos quinientos años más tarde, un hombre llamado Jiel de Betel logró edificarla nuevamente, por lo que recayó en su familia la maldición de Josué (1R 16.34) y dos de sus hijos murieron durante la reconstrucción. Por ello, Jericó no posee una imagen positiva en la historia bíblica y aparece como un obstáculo para acercarse a Dios. Pero en Lucas 19, Jesús, que representa un nuevo Josué, ingresa a esa ciudad y, una vez dentro, se enfrenta a obstáculos que buscan evitar que alguien se acerque a Dios.

La historia se concentra en un personaje de Jericó: Zaqueo. La manera en que se lo presenta es clave para el relato. Se nos dice cómo se llama, su oficio y su pecado (Lc 19.2). Su nombre significa «puro, limpio, inocente», pero él es corrupto. Su fortuna la ha adquirido al estafar a los demás por medio de su oficio de recaudador de impuestos. Cobra más dinero del que debe cobrar y así aumenta su riqueza a costa de los contribuyentes. El relato destaca la gravedad de su pecado al describirlo no solo como un sencillo recaudador de impuestos, sino como «jefe de los recaudadores de impuestos», término que aparece solo una vez en la Biblia. Hay un gran abismo de separación entre el significado del nombre Zaqueo y en lo que él se ha convertido, porque no es para nada puro, limpio o inocente. Ha negado el significado de su nombre. Ha traicionado a su pueblo, a su Dios y a sí mismo. Es un personaje famoso y con poder, pero también es una persona cuya vida ha sido contaminada por el pecado y la vergüenza. La separación entre el significado de su nombre y en lo que se ha convertido se puede notar en cómo lo llama la multitud: «un pecador» (Lc 19.7).

En Jericó, goza de fama, pero la comunidad lo ha marginado. Es tan famoso que todos lo conocen; sin embargo, nadie desea relacionarse con él. El mal ha roto su personalidad y ha colocado obstáculos que no permiten que se acerque a Dios. Zaqueo está perdido.

En Lucas 18 tenemos los siguientes relatos:

- La parábola de la viuda que busca justicia de parte de un juez injusto (Lc 18.1–8).
- La parábola del fariseo y el recaudador de impuestos que oran en el templo (Lc 18.9–14).
- El relato de los niños que desean acercase a Jesús, pero los discípulos no los dejan (Lc 18.15–17).
- El relato del dirigente rico que no puede seguir a Jesús por causa de sus riquezas (Lc 18.18–30).
- El relato del ciego que pide limosnas y que busca a Jesús (Lc 18.35–43).

Nos da la impresión de que Lucas 19.1–10 contiene relatos que se unen como si fuera una trama o ropa para vestir a Zaqueo: la talla es perfecta. Todos los relatos de Lucas 18 respecto a gente que se encuentra con obstáculos cuando se acercan a Dios aparecen en el personaje de Zaqueo,[27] y este representa a todos ellos:

- Zaqueo es como la viuda cuya solicitud la detiene el juez injusto.
- Zaqueo es como el recaudador de impuestos que ora en el templo, y que es juzgado por el fariseo.
- Zaqueo es como los niños que desean acercarse a Jesús pero otros se lo impiden.
- Zaqueo es como el dirigente rico, cegado por sus riquezas y alejado del reino.
- Zaqueo es como el ciego que pide limosna, que no puede ver a Jesús debido a su discapacidad física.

Zaqueo está perdido y lo sabe muy bien. Su historia nos da a entender su desesperación por conocer a Jesús. Los primeros versículos presentan mucha acción. La historia sucede muy de prisa. Jesús

---

[27] Green, *Gospel of Luke*, 666–667.

comienza a cruzar Jericó (Lc 19.1), así que Zaqueo tiene muy poca probabilidad de verlo. Es bajo de estatura y la multitud no le permite alcanzar a Cristo (Lc 19.3). El tiempo se acorta. Jesús está cruzando Jericó pero no se detendrá, así que Zaqueo se le adelanta y se sube a un árbol (Lc 19.4). Los rabinos solían tener un dicho: «La manera en que un hombre camina te dice cómo es él».[28] Para correr, los hombres que vestían túnicas debían remangárselas y ello era poco digno; por tanto, quienes poseían dignidad y honor no corrían y definitivamente no se subían a los árboles. Pero Zaqueo está perdido y desesperado, y prefiere correr y subirse a un árbol que perderse la oportunidad de ver a Jesús.

De pronto, el ritmo de la historia cambia. Si el frenético ritmo resaltaba el intento de Zaqueo por ver a Jesús, ahora el paso lento destaca el deseo de Jesús por ver a Zaqueo. Jesús llega a aquel árbol donde se encuentra el recaudador de impuestos y, mirando hacia arriba, le dice: «Zaqueo, baja en seguida. Tengo que quedarme hoy en tu casa» (Lc 19.5). El deseo de Jesús de reunirse con él equivale a una intervención divina. En el Evangelio de Lucas, Cristo usa con frecuencia la frase «tengo que» o «es necesario que» para dar a entender algo que su Padre ha determinado que cumpla.[29] Zaqueo desciende con prontitud y recibe a Jesús en su hogar. La manera en que se describe su entusiasmo por verlo (p. ej., «se adelantó corriendo», «se subió», «se apresuró a bajar») encuentra su equivalente en el entusiasta modo en que le responde. Ahora se encuentra delante de Jesús y anuncia que dará la mitad de sus bienes a los pobres y, ciñéndose a la ley de Moisés, devolverá cuatro veces cualquier estafa que haya cometido (Lc 19.8). Este anuncio lo hace en un periodo de la historia cuando los rabinos consideraban que dar el veinte por ciento a los pobres era más que suficiente. Entonces, Jesús anuncia que la salvación ha llegado a la casa de Zaqueo, que ahora pertenece a la familia de Dios y que «el Hijo del hombre vino a buscar y a salvar lo que se había perdido» (Lc 19.10). Cristo ha logrado revertir los efectos del mal en la vida del recaudador de impuestos. Lo considera «hijo de Abraham» (Lc 19.9) y lo restituye a la familia de Dios. Zaqueo, por su parte, revierte los efectos del mal restituyendo a la comunidad

---

[28] Bailey, *Finding the Lost*, 144.
[29] Takatemjen, «Luke», 1373.

lo que había robado. Los obstáculos se han eliminado. Zaqueo ha sido hallado.

Sino líbranos del maligno.

Tú que eres predicador, ya sea que prediques con frecuencia o no, gozas de un lugar privilegiado en tu congregación. Desafortunadamente, en varias iglesias en todo el mundo, ha habido casos de predicadores que han sacado ventaja de la gente a la que se suponía debían servir. Algunos predicadores se han enriquecido, han logrado controlar las decisiones de la congregación para su propio beneficio, han declarado que son «los ungidos de Dios» y exigido que su autoridad no sea cuestionada. Algunos han llevado relaciones inmorales con miembros de su congregación. Así como Zaqueo, se han separado de la identidad que tienen en Dios y, como consecuencia, han creado una gran división en sus vidas. Así como el recaudador de impuestos, han tomado más de lo que les correspondía. Al igual que él, han llegado al punto de separarse de la familia de Dios. Como en su caso, aparecieron obstáculos que no les permitieron llegar a Dios. Así como Zaqueo, se han perdido.

Sino líbranos del maligno.

Sin embargo, al igual que la vida de vida Zaqueo, sus vidas han llegado al límite de la desesperación por ver a Jesús. Así como el recaudador de impuestos se encontraba aquel día en Jericó, estos pastores temen que Jesús pase de largo y no se detenga. Al igual que en los hechos que se suscitaron en Lucas 19.1–10, el intento por ver a Jesús se ha encontrado con obstáculos que solamente ellos conocen. Únicamente ellos saben realmente cuán profundos han caído de su verdadera identidad en Dios. Solo ellos conocen cuán profundo es su pecado y su vergüenza. Solo ellos saben cuán desconectados están de la comunidad de creyentes; pero quieren volver a ver a Jesús y, entonces, a su manera se adelantan corriendo y suben a árboles en un intento desesperado por tan solo ver un poco de Él. Están dispuestos a hacerlo incluso si fuera poco digno, porque ahora pueden verse reflejados en la experiencia de Zaqueo cuando sienten que cada obstáculo puede evitar que alcancen el camino a la redención.

Nosotros también podemos ver los casos de obstáculos que aparecen en Lucas 18 y sentir sus efectos reales. Así como Zaqueo, sentimos el gran peso que nos agobia. Al igual que la viuda insistente, quizá nos encontremos con una respuesta negativa de parte de alguien que tiene el poder de ayudarnos. Tal vez como el recaudador de impuestos en el templo, llevamos a cuestas la condena de aquellos que se consideran más espirituales. Así como a los niños a quienes no se les permitió acercarse a Jesús, quizá otros discípulos nos desanimen porque somos una molestia para Él. Posiblemente como el dirigente rico, quizá nos hemos encariñado con nuestras riquezas e influencias. Así como el ciego, tal vez nuestras discapacidades físicas nos limitan y la situación se agrava porque los demás se niegan a vencer estas limitaciones. Sentimos un profundo quiebre en nuestro ser y una profunda desconexión con Dios y la comunidad de creyentes.

Sino líbranos del maligno.

Junto a estos sentimientos y en la presencia de estos obstáculos, ¿estamos listos para confesar nuestras faltas y ofrecer obras de restitución? He aquí el gran reto: estar dispuestos y ser capaces de permitir que nuestro corazón se confiese y ofrecer alguna compensación con un corazón generoso. Hay lugar para ello y, de hecho, es necesario que los predicadores que hayan perdido el sentido de dirección estén preparados para pedir perdón a la gente que traicionaron. Esta solicitud de perdón debe involucrar palabras cuidadosamente escogidas y un acto de valentía. Todo ello se hará en respuesta al Hijo del hombre que ha venido a buscar y salvar al que estaba perdido.

Sino líbranos del maligno.

Tuve la oportunidad de trabajar como capellán de la Policía durante cinco años. Este cargo consiste en ofrecer ayuda pastoral a los agentes y sus familias de la misma manera en que se llevaría a cabo en una congregación. Les ofrecía consejos espirituales, talleres relacionados con la labor del policía, además de oficiar bodas y funerales. Una noche salí con la patrulla y los dos agentes con los que me tocaba trabajar se dirigieron a atender un caso de violencia doméstica. Eras las tres de la madrugada de una oscura y tempestuosa noche de invierno. Al llegar al domicilio en problemas, descubrimos a una mujer con sangre en el rostro debido a que su pareja la había golpeado. Uno de los agentes la llevó a otra habitación para que ella le pudiese contar lo sucedido sin que su pareja interviniera. El otro agente, la pareja y yo nos quedamos esperando. El hombre agresor desconocía que yo era capellán; más bien, creía que era uno de los detectives.

Luego de hablar con la mujer agredida, el agente salió de la habitación. Le dijo al otro agente que arrestase al agresor y que lo llevase al automóvil de patrulla. Me dijo que los acompañara y que esperase allí. Así que los tres esperamos en el auto mientras el primer agente tomaba las declaraciones de la mujer. El segundo agente y el agresor estaban sentados en la parte trasera, y yo en la de adelante. Nadie decía nada. Había un silencio total. Pensé en aquel momento: «¿Será acaso posible que la luz de Cristo pueda llegar a un lugar como este?, ¿será posible que Jesús llegue a tocar la vida de este agresor?, ¿será acaso posible que el mensaje de luz llegue a alumbrar este lugar?». La oscuridad de aquella noche, sumada a la tempestad, parecía confirmar la aparente imposibilidad de que la luz de Cristo pudiera llegar. Los obstáculos que se le habían presentado a este hombre para que pudiese llegar a Jesús parecían imposibles de vencer.

Tan pronto como estas preguntas pasaron por mi mente, el hombre rompió su silencio (se debe recordar que él creía que yo era un detective). Entonces, dijo lo siguiente: «¿Sabe usted que yo fui pastor?». Luego empezó a contar acerca de su ministerio y la obra del Espíritu Santo que había presenciado durante aquellos tiempos. Yo no salía de mi asombro. Allí estaba yo sentado y creyendo que no había esperanza para este hombre, y en un momento después él testificaba sobre la obra de Dios en su vida en tiempos pasados. Desconozco la razón por la que sintió el impulso de hablar con un agente de policía y otra persona que él creía era un detective. Lo que sí sé es que Jesús debió estar diciendo: «Porque el Hijo del hombre vino a buscar y a salvar lo que se había perdido» o, con mayor precisión, debió estar respondiendo la oración «líbranos del maligno».

Reflexión

¿Qué obstáculos en tu vida no te permiten acercarte a Dios? ¿Qué tienes para confesar y ofrecer como restitución?

Oración

Sino líbranos del maligno.

Segunda parte

El Padrenuestro tal como se oyó en la muerte de Jesús

Las Siete Palabras

Capítulo 9

Padre nuestro que estás en el cielo

Oración para predicadores que deseen consolación

Marcos 15.33–39

Desde el mediodía y hasta la media tarde quedó toda la tierra en oscuridad. A las tres de la tarde Jesús gritó a voz en cuello:

—*Eloi, Eloi, ¿lama sabactani?* (que significa: "Dios mío, Dios mío, ¿por qué me has desamparado?").

Cuando lo oyeron, algunos de los que estaban cerca dijeron:

—Escuchen, está llamando a Elías.

Un hombre corrió, empapó una esponja en vinagre, la puso en una caña y se la ofreció a Jesús para que bebiera.

—Déjenlo, a ver si viene Elías a bajarlo —dijo.

Entonces Jesús, lanzando un fuerte grito, expiró.

La cortina del santuario del templo se rasgó en dos, de arriba abajo. Y el centurión, que estaba frente a Jesús, al oír el grito y ver cómo murió, dijo:

—¡Verdaderamente este hombre era el Hijo de Dios!

Antes de que pasemos a usar esta parte de las Escrituras para meditar sobre nuestro ministerio, necesitamos en primer lugar reconocer el misterio de lo que se describe y su carácter único. El grito desesperado de parte de Jesús a su Padre es un misterio. Hay tal grado de profundidad divina en la relación entre ambos que trasciende toda comprensión humana. Dios Hijo llama a gritos a Dios Padre. El grito de Jesús expresa un lamento por el quiebre en su relación. Todo ello constituye un misterio. «Sea cual fuere la manera en que entendemos este grito clave de Jesús, se sigue afirmando una misteriosa verdad: que, en la muerte de Jesús, así como en su vida, "Dios estaba en Cristo" (2Co 5.19 RV60), presente y activo».[30]

Padre nuestro que estás en el cielo.

El grito desesperado de Jesús a su Padre es único. Considerando quién es Cristo y su sacrificio en la cruz, su grito manifiesta un profundo grado de tormento que ningún ser humano ha podido jamás experimentar. «Dios abandonó a Cristo con el propósito de que los creyentes jamás fuesen abandonados por él, ya sea en vida o después de la muerte (cf. Ro 8.35–39; Heb 13.5–6)».[31]

Por ello, debemos encarar con humildad este grito desde la cruz. Desde cierta perspectiva misteriosa y única, se dio solo desde Jesús hacia su Padre, «Dios mío, Dios mío…». Este grito nos da a conocer su gran angustia espiritual y física. Por ello, lo recibimos con agradecimiento.

Desde otra perspectiva, su grito se dirigió a su Padre, pero nos incluye a nosotros: *Padre nuestro que estás en el cielo*. Nos representa en tiempos de gran angustia espiritual y física.

Y como tal, este momento puede verse por medio de la óptica de Hebreos 4.15–16:

> Porque no tenemos un sumo sacerdote incapaz de compadecerse de nuestras debilidades, sino uno que ha sido tentado en todo de la misma manera que nosotros, aunque sin pecado. Así que acerquémonos confiadamente al trono de la gracia para recibir misericordia y hallar la gracia que nos ayude en el momento que más la necesitemos.

El grito de Jesús desde la cruz a nuestro Padre que está en el cielo es una plegaria de nuestro sumo sacerdote. Esta oración nos conduce a que experimentemos misericordia y gracia en tiempos de necesidad, especialmente cuando, en calidad de predicador, atravesamos por

---

[30] Harris, *Seven Sayings*, 69.
[31] Harris, 69.

momentos de abandono en nuestro ministerio de predicación. No hay diferencia alguna si nos lleva a predicar ocasionalmente o con regularidad. No hay diferencia alguna si tenemos que predicar en calidad de miembro de alguna congregación o como pastor de ella. La angustia espiritual es profunda y nuestras oraciones parecen no recibir respuesta alguna. Sentimos intensamente que nos encontramos solos y a oscuras. No estamos seguros de cuánto tiempo durará todo esto o, peor aún, si nosotros lograremos durar.

Padre nuestro que estás en el cielo.

Presta atención al grito de Jesús: «Dios mío, Dios mío, ¿por qué me has desamparado?». Aquel grito, que nos conduce a nuestro Padre que está en el cielo, da inicio al salmo 22. Otras descripciones de la crucifixión también repiten partes de él (p. ej., cuando sufre, tiene sed, se burlan de él, se reparten sus ropas echando suertes), pero este grito representa su más clara y precisa mención. Estas palabras nos acercan a este salmo y sirven de apertura al resto de este, que ofrece un significado más profundo de lo que Jesús exclamó en voz alta:

> Dios mío, Dios mío,
>> ¿por qué me has abandonado?
> Lejos estás para salvarme,
>> lejos de mis palabras de lamento.
> Dios mío, clamo de día y no me respondes;
>> clamo de noche y no hallo reposo. (Salmo 22.1–2)

Al usar las palabras del salmo 22, el grito de Jesús se convierte en una plegaria. Se encontraba en los momentos finales de la crucifixión; al final de aquellas seis horas en la cruz y las tres horas de tinieblas sobre la tierra. Aquellas tinieblas que dan a conocer la maldición y el horror del pecado sobre el mundo. Aquellas tinieblas que oprimen y lo consumen todo. Aquellas tinieblas como la que Dios impuso cuando juzgó a Egipto antes de la Pascua; «¡tinieblas tan densas que se puedan palpar!» (Éx 10.21). Desde aquellas tinieblas, la plegaria de Jesús expresa abandono y, sin embargo, la dice con un espíritu de confianza: «Dios mío, Dios mío [...]». A pesar de que no hay respuesta del cielo, desde las tinieblas el Hijo insiste en llamar al Padre confiando aún en Él: «Dios mío». En aquel evidente vacío de haber sido abandonado, Jesús aún se dirige a su Padre en términos íntimos. Dada la ausencia inmediata de una respuesta o acción del cielo, todavía se dirige a su Padre como «Dios mío». Esto nos debe causar inspiración. Al meditar en esta palabra desde la cruz, uno de los comentaristas bíblicos dice al respecto: «Una de las obras más importantes de Satanás [...] es convencer a los demás que Dios los ha abandonado, para que de esta manera puedan maldecir a Dios y morir».[32] En este caso, Satanás fracasa miserablemente.

Padre nuestro que estás en el cielo.

En medio de nuestra angustia, cuando parece no haber respuesta o acción desde el cielo, Jesús nos da el poder para orar «Padre nuestro que estás en el cielo». Desde lo profundo de la oscuridad que nos oprime, tenemos una oración que es profundamente personal y confiable. Incluso en la ausencia de una respuesta inmediata de parte de nuestro Padre que está en el cielo, sigue siendo «nuestro Padre que está en el cielo». Esta es nuestra oración incluso cuando parece que no nos responde y, más bien, los que nos rodean sí nos contestan.

Luego del fuerte grito de Jesús, otros que se encontraban cerca de Él sí lograron responder. Algunos de ellos dijeron: «Escuchen, está llamando a Elías» (Mr 15.35). No sabemos si escucharon mal las palabras «Eloi, Eloi» (Mr 15.34) como si fuera «Elías» o si recurrieron a la esperanza judía en torno a la venida de este para ayudar a los justos en tiempos de dificultad. En todo caso, incluso si el ofrecimiento de vinagre hubiera tenido la intención de consolar a Jesús, las palabras fueron crueles: «Déjenlo, a ver si viene Elías a bajarlo» (Mr 15.36). Cristo estaba solo y, de cierta manera, estas palabras lo pusieron en juicio otra vez. ¿Habrá una intervención divina por Él? En contraste, hubo otra persona que respondió: «Y el centurión, que estaba frente a Jesús, al oír el grito y ver cómo murió, dijo: —¡Verdaderamente este hombre era el Hijo de Dios!» (Mr 15.39). Uno de los presentes, que conocía la fe, dijo que Cristo no venía en nombre de Dios; en cambio el otro, el centurión, que es razonable suponer era pagano, testificó que Jesús sí provenía de Dios.

En tiempos de angustia y oscuridad, mientras esperas una respuesta de nuestro Padre celestial, algunas voces de tu alrededor podrían agravar tu dolor; en cambio, otras podrían aliviarlo. Algunas respuestas podrían ser crueles, mientras que otras podrían inesperadamente

---

[32] Marcus, *Mark 8–16*, 1063.

avivar tu alma. Las desilusiones y las motivaciones pueden aparecer de fuentes inesperadas. Tratas de alcanzar a Dios desde la oscuridad y exclamas: «Dios mío, Dios mío, ¿por qué no me contestas?». Es como si algunas de las personas de la iglesia te ofrecieran palabras crueles, y en cambio otras que no conoces te brindaran palabras de aliento.

Padre nuestro que estás en el cielo.

Cuando estuve pastoreando una iglesia, atravesamos por una gran crisis en nuestra vida congregacional. Durante aquella crisis, una noche, luego del culto, una pareja de esposos, que pertenecía a la iglesia, me pidió hablar conmigo y empezaron a criticar severamente la manera en que los ancianos y yo estábamos manejando la crisis. Finalmente, luego de escuchar lo suficiente, les respondí: «Lo lamento, pero debo detener esta conversación. No tengo la energía emocional para continuar». Esta fue la primera y última vez que he debido detener una conversación pastoral en mi ministerio. La esposa dijo inmediatamente: «No tenemos nada en contra de usted», pero el esposo rápidamente le aclaró: «¡Sí tenemos algo en contra de él!». De hecho, sufrí dolor físico en mi espíritu debido al ataque de esta pareja.

En contraste a esto, en medio de la crisis tuve que comunicarme con varias familias no cristianas de la comunidad, en las cuales los padres de familia, si bien no asistían a la iglesia, sí enviaban a sus hijos adolescentes a ella. Necesitaba informarles acerca de la crisis. Tenía pavor a la reacción que tuvieran al respecto. Sin embargo, sin excepción alguna, todas las respuestas fueron cálidas, llena de compasión y gentileza. Aquellos no cristianos me agradecieron por haberme comunicado con ellos y me brindaron palabras de aliento respecto al ministerio de la iglesia en la comunidad en general.

Fue como si algunos dentro de la iglesia, como los que le ofrecieron vinagre a Jesús, se detuvieran a ver si Dios salvaba la situación. Asimismo, aquellos que no formaban parte de la iglesia, como el centurión romano, sacaron la cara por nosotros y me dijeron: «Tenga por cierto que Dios está con usted».

Cuando tu oscuridad empeora por causa de aquellos que jamás pensaste que se comportarían de esa manera, el reto consiste en no permitir que brote ninguna raíz de amargura. Tu vida y la de ellos depende de eso: «Busquen la paz con todos, y la santidad, sin la cual nadie verá al Señor. Asegúrense de que nadie deje de alcanzar la gracia de Dios; de que ninguna raíz amarga brote y cause dificultades y corrompa a muchos» (Heb 12.14–15).

Padre nuestro que estás en el cielo.

El apóstol Pablo nos da un ejemplo de la clase de espíritu que se necesita para sobrellevar este sentimiento de abandono en el ministerio:

> En mi primera defensa, nadie me respaldó, sino que todos me abandonaron. Que no les sea tomado en cuenta. Pero el Señor estuvo a mi lado y me dio fuerzas para que por medio de mí se llevara a cabo la predicación del mensaje y lo oyeran todos los paganos. Y fui librado de la boca del león. El Señor me librará de todo mal y me preservará para su reino celestial. A él sea la gloria por los siglos de los siglos. Amén. (2Ti 4.16–18)

En medio de la desilusión por estar solo en el ministerio, Pablo decide confiar en el Señor y dedicarse a guardar una buena relación con aquellos que lo abandonaron. No desea que se les encare el fracaso de estos. Ha elegido no tener ninguna amargura hacia ellos y, más bien, se ha concentrado en el poder que el Señor le ha dado para predicar el mensaje sin tener en cuenta lo sucedido. Si bien Pablo jamás se sintió abandonado por Dios, cuando sus hermanos y hermanas lo abandonaron, pudo fácilmente haber confundido aquello con el hecho de que Dios lo había abandonado. He escuchado frecuentemente que la gente dice que alguien les falló y luego terminan diciendo: «No sé lo que Dios está haciendo».

Cuando todas las cosas y todas las gentes que te rodean te fallan, presta atención al profundo grito de Jesús, «Dios mío, Dios mío [...]», y luego eleva una oración: «Padre nuestro que estás en el cielo». Aquel «nuestro» es un recordatorio de que, cuando oras por ti mismo, también lo haces por los demás, incluso por aquellos que te trataron con crueldad o maldad.

Cuando pases por aquellos tiempos oscuros, el «Padre nuestro que estás en el cielo» será el medio por el que tu predicación manifestará gracia en vez de amargura. Esta confianza yace en lo que Dios ha hecho por medio del sacrificio de Cristo en la cruz. Si bien habrá momentos en los que quisieras orar «Dios mío, Dios mío, ¿por qué me has abandonado?», recuerda también incluir «Padre nuestro que estás en el cielo», porque la promesa que el Padre te ha dado es «Nunca te dejaré; jamás te abandonaré» (Dt 31.6; Heb 13.5). Esta promesa es ineludible. Así es nuestro Padre celestial.

Reflexión

Trata de recordar algún momento en tu ministerio en el que te sentiste abandonado. Presta atención al grito de Jesús en la cruz.

Oración

Padre nuestro que estás en el cielo.

Santificado sea tu nombre

Oración para predicadores que deseen valentía

Juan 19.4-6, 12-15, 19-22
Pilato volvió a salir.

—Aquí lo tienen —dijo a los judíos—. Lo he sacado para que sepan que no lo encuentro culpable de nada.

Cuando salió Jesús, llevaba puestos la corona de espinas y el manto de color púrpura.

—¡Aquí tienen al hombre! —les dijo Pilato.

Tan pronto como lo vieron, los jefes de los sacerdotes y los guardias gritaron a voz en cuello:

—¡Crucifícalo! ¡Crucifícalo!

—Pues llévenselo y crucifíquenlo ustedes —replicó Pilato—. Por mi parte, no lo encuentro culpable de nada.

Desde entonces Pilato procuraba poner en libertad a Jesús, pero los judíos gritaban desaforadamente:

—Si dejas en libertad a este hombre, no eres amigo del emperador. Cualquiera que pretende ser rey se hace su enemigo.

Al oír esto, Pilato llevó a Jesús hacia fuera y se sentó en el tribunal, en un lugar al que llamaban el Empedrado (que en arameo se dice Gabatá). Era el día de la preparación para la Pascua, cerca del mediodía.

—Aquí tienen a su rey —dijo Pilato a los judíos.

—¡Fuera! ¡Fuera! ¡Crucifícalo! —vociferaron.

—¿Acaso voy a crucificar a su rey? —replicó Pilato.

—No tenemos más rey que el emperador romano —contestaron los jefes de los sacerdotes.

Pilato mandó que se pusiera sobre la cruz un letrero en el que estuviera escrito: «Jesús de Nazaret, Rey de los judíos». Muchos de los judíos lo leyeron, porque el sitio en que crucificaron a Jesús estaba cerca de la ciudad. El letrero estaba escrito en arameo, latín y griego.

—No escribas «Rey de los judíos» —protestaron ante Pilato los jefes de los sacerdotes judíos—. Era él quien decía ser rey de los judíos.

—Lo que he escrito, escrito queda —les contestó Pilato.

Poncio Pilato no era predicador; pero el letrero que mandó clavar en la cruz, si bien fue brevísimo, se podría considerar casi un sermón: «Jesús de Nazaret, Rey de los judíos».

Los cuatro evangelios registran el encuentro entre Jesús y el gobernador romano. Sin embargo, solamente el Evangelio de Juan ofrece detalles de la conversación que Pilato tuvo con Jesús (Jn 18.28–19.16). A esta conversación se le unen las incesantes quejas de los dirigentes judíos, que exigían la muerte de Jesús, y la multitud que gritaba: «¡Crucifícalo! ¡Crucifícalo!» (Jn 19.6).

Pilato enfrenta un dilema. Escucha a Jesús que promueve la vida: «Todo el que está de parte de la verdad escucha mi voz» (Jn 18.37). La voz de su conciencia le señala la justicia: «—Aquí lo tienen —dijo a los judíos—. Lo he sacado para que sepan que no lo encuentro culpable de nada» (Jn 19.4). Escucha a los dirigentes judíos y la multitud que exigen la muerte: «—Nosotros tenemos una ley, y según esa ley debe morir, porque se ha hecho pasar por Hijo de Dios —insistieron los judíos» (Jn 19.7).

Pilato empieza a sentir temor. Ha oído a los judíos decir que Jesús dice ser el Hijo de Dios, y Él ya le ha dicho que su reino no es de este mundo (Jn 18.36). El gobernador ha oído a los judíos decir que si él deja con vida a Jesús, entonces no es amigo del emperador (Jn 19.12).

Pilato tiene en frente de él a un reino terrenal. La imagen que el Evangelio de Juan ofrece respecto a él es la de un hombre en estado de confusión. Sin embargo, en medio de esta, ofrece dos afirmaciones respecto de Cristo. Ambas contienen un sentimiento de quietud e importancia. Ambas expresan incluso un recurso de apelación, como si los dirigentes judíos y la multitud fuesen el juez y Pilato fuera el abogado defensor que apela por el acusado.

Esta es la primera apelación de Pilato: «¡Aquí tienen al hombre!» (Jn 19.5). A estas alturas, Jesús ha sido flagelado, los soldados romanos lo han golpeado y se han burlado de él. Le han colocado una corona de espinas y le han puesto un manto de color púrpura. El Rey del cielo ha asumido la mismísima naturaleza de un siervo: se manifestó como hombre (Fil 2.6–8), pero la multitud emitió su juicio: «¡Crucifícalo! ¡Crucifícalo!» (Jn 19.6).

Esta es la segunda apelación de Pilato: «Aquí tienen a su rey» (Jn 19.14).

A estas alturas, ocupa el lugar del juez, y Juan registra que era el día de la preparación para la Pascua. El Rey del cielo toma la naturaleza del Cordero de Dios «que quita el pecado del mundo» (Jn 1.29). Una vez más, la multitud emite su juicio: «¡Fuera! ¡Fuera! ¡Crucifícalo!» (Jn 19.15).

Pilato, entonces, entrega a Jesús para que sea crucificado y ordenó «que se pusiera sobre la cruz un letrero en el que estuviera escrito: "Jesús de Nazaret, Rey de los judíos"» (Jn 19.19).

Así que, Pilato predica: «He aquí el hombre: Jesús de Nazaret. He aquí su rey: Rey de los judíos».

Santificado sea tu nombre.

Pilato, el predicador, predica en los principales idiomas de la época: arameo, latín y griego. Predica el nombre y el título de Cristo. Predica un mensaje que ofendió a los que acusaron a Jesús y que se esforzaron tanto por lograr su muerte. «—No escribas "Rey de los judíos" —protestaron ante Pilato los jefes de los sacerdotes judíos—. Era él quien decía ser rey de los judíos. —Lo que he escrito, escrito queda —les contestó Pilato» (Jn 19.21–22).

¡Ahí está!: «Lo que he escrito, escrito queda». Finalmente, Pilato se ubica en una postura inamovible, porque, hasta aquel momento, la imagen que tenemos de él es la de un hombre influenciable, que podía ser manipulado y presionado a emitir un fallo que sabía muy bien que era injusto. Efectivamente, Pilato era el gobernador romano y tenía poder. Era también alguien muy impopular entre los judíos,[33] pues recurría a la represión para sofocar cualquier señal de problemas de parte de la comunidad judía (p. ej., Lc 13.1). Tenía ambiciones políticas y no hay duda de que aspiraba a puestos superiores. Así que sus actos y decisiones se relacionaban más con proteger su reputación frente a Roma que con ocuparse de los asuntos locales de Jerusalén. «Por tanto, Pilato no solo era despiadado sino que, así como muchos matones de la historia, tenía temor de ser expuesto delante de los que tenían autoridad sobre él».[34] Pero, hasta este momento en el Evangelio de Juan, la imagen que tenemos de Pilato es la de un hombre que actuó en contra de su conciencia y de lo que él sabía que era lo correcto. El letrero que mandó clavar en la cruz fue un desafiante tributo a aquel hombre que indudablemente lo había impactado. Juan nos dice que el silencio de Jesús, así como sus palabras, lograron fascinar a Pilato.

«Jesús de Nazaret, Rey de los judíos». El letrero pareciera darnos a conocer el lamento o remordimiento de Pilato, o quizá su admiración o hallazgo. Aquel letrero, que ofendió a muchos, parece que tomó un giro personal para él. Posee el sentido de que el gobernador finalmente logró alcanzar su resolución personal y, por ello, anunció su declaración respecto a quién él creía que era Jesús. Su experiencia muestra un patrón que aparece anteriormente en el Evangelio de Juan: delante de Jesús desaparece toda posición socioeconómica y religiosa de la gente.

Lo vemos en el caso del fariseo Nicodemo, que se le acerca aprovechando la noche (Jn 3.1–14). La posición que goza como uno de los maestros de Israel desaparece frente a Jesús, Hijo del hombre.

Lo notamos en el caso de la mujer samaritana junto al pozo de agua (Jn 4.1–26). Su posición de marginada de la sociedad desaparece frente al Mesías.

Lo observamos en el caso del funcionario, que quería que Jesús sanara a su moribundo hijo (Jn 4.43–54). Su posición como funcionario del Estado desaparece frente a Él y, al final del relato, reaparece tan solo

---

[33] Keener, *Commentary on the Gospel*, 665–667.
[34] Keener, 667.

como un padre de familia. El funcionario se encuentra con Jesús, la Palabra encarnada.

Lo vemos en el caso de Pilato. Su posición como gobernador desaparece cuando se encuentra con el Rey Jesús.

Santificado sea tu nombre.

Sin embargo, aquella afirmación de Pilato, aquel sermón, parece que llegó tarde, mal y nunca. Aquellas palabras ahora se ubican literalmente sobre aquel que no merecía morir. Esta afirmación nos hace saber de la vergüenza de Pilato. Mientras que por un lado es un letrero que declara la verdad respecto al Crucificado, es también un aviso que declara el fracaso de alguien que manifestó ser demasiado débil frente al mal. Alcanzó a decir «¡Aquí tienen al hombre! Aquí tienen a su rey», pero la multitud que dijo «¡Crucifícalo!» ahogó su afirmación.

Efectivamente, bien sabemos que, por la soberanía de Dios, la crucifixión de Jesús era parte del plan de redención. Sin embargo, en el desarrollo de aquel plan, vemos el fracaso y la fragilidad de los seres humanos cuando debieron actuar con valentía y justicia. Notamos también un sentimiento de amargura por causa de lamentarse por los hechos y sentir remordimiento. Lo vemos, asimismo, en la angustia de Pedro, la desesperación de Judas, la huida de los discípulos y la conducta de Pilato.

Existen también aquellos momentos en los que nos quedamos demasiado callados y por mucho tiempo, en los que evitamos honrar el nombre de Cristo, en los que nuestra conducta y palabras no expresan «santificado sea tu nombre», cuando ciertos acontecimientos nos dominan y nos quedamos tan solo con un sentimiento de no haber podido hacer todo lo que pudimos haber hecho. Entonces nuestras palabras, nuestros sermones, parecen haber perdido su significado. Pareciera que hubieran perdido su oportunidad y, por tanto, su poder, mientras que, si hubiéramos dicho lo que teníamos que decir en medio de las dificultades, quizá nuestras palabras habrían sido proféticas, pero ahora dan lástima. Y nos hallamos como Pilato, que lo mejor que pudo hacer es colocar un letrero en la cruz, lo cual es símbolo de nuestro anhelo de no haber podido hacer lo que estaba a nuestro alcance, antes de que las cosas llegasen hasta este punto grave.

Es un sentimiento de fracaso, de que ya todo es demasiado tarde. No se parece en nada a mi sermón cuando proclama «santificado sea tu nombre». Sin embargo, a pesar de lo que los demás digan por medio de sus críticas o condenación contra nosotros, podemos por lo menos decir como Pilato: «Lo que he escrito, escrito queda», afirmación que, aunque se ha tardado en llegar, ofrece, no obstante, un desafío.

«Lo que he predicado, predicado queda». Y aunque quizá tú tengas la razón de criticarme, mi predicación la hago a pesar de mis defectos y aún proclama «Jesús de Nazaret, Rey de los judíos». Mis fracasos y mis debilidades no anulan el contenido y la veracidad de mi proclamación. Por ello, mi predicación eleva la plegaria: «santificado sea tu nombre».

El mensaje de Pilato se dio en los principales idiomas de la época: arameo, latín y griego. Fue la palabra final respecto a los acontecimientos, aunque haya llegado tarde. Nuestro mensaje también se da en los idiomas principales de nuestra época: los idiomas del corazón, la mente, el alma y la voluntad. Quizá haya momentos en que llegue tarde, pero aún sigue declarando «santificado sea tu nombre».

Cuando tenía veinte y tantos años, trabajé para una oficina del Estado. Era el único cristiano en aquella oficina de unos diez empleados. Algunos de mis compañeros de trabajo habían servido en el ejército, eran excombatientes que habían participado en guerras como la de Malasia (en la década de 1950) y Vietnam (1960–1970). Eran hombres curtidos por la guerra, no creían en Cristo y a menudo usaban el nombre del Señor en vano en sus conversaciones cotidianas. En una ocasión, luego de que uno de ellos volviera a usar groserías, le dije: «Considerando que no crees en Dios, realmente me impresiona que ores tan a menudo». Aquella fue la última vez que escuché a mis compañeros expresarse de esa manera. De algún modo, mis comentarios lograron ganarme el respeto de ellos.

Sin embargo, un par de años más tarde, le pregunté a una de mis colegas (no era uno de los excombatientes): «Respecto a mi fe en Cristo, ¿qué te apela más y qué te causa más rechazo?». Me contestó: «Lo que más me apela es que estés presente aquí. Solía trabajar con un testigo de Jehová y jamás asistía a las actividades sociales que realizábamos, pero tú sí lo haces. Esto es algo que me apela. Sin embargo, lo que me causa rechazo es tu silencio. Ha habido momentos en los que se ha presentado alguna situación de injusticia y he esperado que tú, como cristiano, dijeras algo al respecto, pero no lo hiciste, te quedaste callado. Eso hace que yo rechace al cristianismo».

Mi compañera de trabajo estaba en lo correcto. Sus palabras me hicieron recordar un reto que ella me había puesto unos meses antes. Sucedió un día en el que retornaba a la oficina luego del almuerzo. Ocurrió que me había reunido para almorzar con una persona a quien no conocía con anterioridad y a la que jamás volví a ver luego de aquel día. Le conté de la reunión a mi colega y le comenté que aquella persona era muy racista y que había estado diciendo un montón de cosas ofensivas. Mi colega me respondió: «Y estoy más que segura de que no dijiste absolutamente nada que confrontara a aquella persona». Para vergüenza mía, ella estaba en lo correcto. Mi silencio en medio de una situación de injusticia no pudo mostrar aquella clase de cristianismo que motivaba el interés de mi colega.

Entonces, me di cuenta de que había algo de Pilato en mí; pues, ante una situación hostil o frente a la posibilidad de correr el riesgo de decir algo que era necesario pero impopular, permanecí callado. En alguien que se dice «cristiano», aquel silencio e inacción no proclaman «santificado sea tu nombre», sino que debilitan la integridad del predicador. Se requiere mucho más valor para decir palabras desafiantes, de persona a persona, que para hacerlo desde el púlpito. Se requiere más valor para santificar y rendir honor al nombre de Cristo, de uno a uno, que para decirlo desde la seguridad que ofrece el púlpito.

La figura del letrero de Pilato en la cruz de Cristo es una fuente poco probable de aliento para aquellos de nosotros que no hemos sido capaces de mostrar valor como predicadores. Como lo dije anteriormente, el letrero de Pilato comunica un sentimiento de lamento, remordimiento, admiración y hallazgo. Este letrero, «Jesús de Nazaret, Rey de los judíos», constituye una declaración pública que surge a partir de un fracaso personal. Que el letrero haya sido clavado en la cruz es, de hecho, una declaración en sí misma. Un fragmento de Colosenses describe la situación de esta manera:

> Antes de recibir esa circuncisión, ustedes estaban muertos en sus pecados. Sin embargo, Dios nos dio vida en unión con Cristo, al perdonarnos todos los pecados y anular la deuda que teníamos pendiente por los requisitos de la ley. Él anuló esa deuda que nos era adversa, clavándola en la cruz. Desarmó a los poderes y a las potestades, y por medio

de Cristo los humilló en público al exhibirlos en su desfile triunfal. (Col 2.13–15)

Por esa cruz tenemos vida en Cristo, por ella, todo lo que nos condena y nos persigue ha sido eliminado y desarticulado; por ella, llegamos a saber de nuestro triunfo en Cristo y por medio de Él. Así que, incluso en aquellas ocasiones en las que nos hemos quedado demasiado callados por mucho tiempo y hemos dicho algo muy tarde, la cruz nos ofrece una salida para que sigamos orando y predicando «santificado sea tu nombre».

Reflexión

Trata de recordar algún momento en el que estuviste demasiado callado, por mucho tiempo, sin decir nada de nada. Si tuvieras que clavar un letrero en la cruz, ¿qué diría?

Oración

Santificado sea tu nombre.

Venga tu reino

Oración para predicadores
que deseen esperanza

Lucas 23.35–43

La gente, por su parte, se quedó allí observando, y aun los gobernantes estaban burlándose de él.

—Salvó a otros —decían—; que se salve a sí mismo si es el Cristo de Dios, el Escogido.

También los soldados se acercaron para burlarse de él. Le ofrecieron vinagre y le dijeron:

—Si eres el rey de los judíos, sálvate a ti mismo.

Resulta que había sobre él un letrero, que decía: «ESTE ES EL REY DE LOS JUDÍOS».

Uno de los criminales allí colgados empezó a insultarlo:

—¿No eres tú el Cristo? ¡Sálvate a ti mismo y a nosotros!

Pero el otro criminal lo reprendió:

—¿Ni siquiera temor de Dios tienes, aunque sufres la misma condena? En nuestro caso, el castigo es justo, pues sufrimos lo que merecen nuestros delitos; este, en cambio, no ha hecho nada malo.

Luego dijo:

—Jesús, acuérdate de mí cuando vengas en tu reino.

—Te aseguro que hoy estarás conmigo en el paraíso —le contestó Jesús.

Perder las esperanzas es algo aterrador.

Perder las esperanzas se agrava por la experiencia de estar solo y aislado. Muy pocos, si los hay, están conscientes de la tenebrosa fortaleza que se yergue lentamente, piedra por piedra, en tu corazón y mente. Muy pocos, si los hay, pueden penetrar aquella tenebrosa fortaleza que te aprisiona.

Si te encuentras luchando contra sentimientos de desesperanza y te dedicas al ministerio público, como el de la predicación, ello puede agravar aquel sentido de desesperanza. Proclamas la palabra de Dios y, al mismo tiempo, necesitas desesperadamente oír su palabra. Das, pero lo que necesitas es recibir. Hablas, pero lo que necesitas es oír. Alimentas la vida espiritual de los demás, pero tú mismo estás vacío y sientes temor cada vez más de que alguien te descubra. Temes cada vez más de que no sobrevivirás así por mucho tiempo.

En calidad de pastor, no puedes recurrir y confiar en cualquier persona, y tu actual situación de desesperanza no te sirve de ilustración para tus sermones. Hablar de ello en público, mientras te encuentras en medio de tu problema, podría ser muy dañino para los demás. Quizá puedas hablar de ello en el futuro, en otro sermón, pero para eso se requiere estar del otro lado de la desesperación. Tu responsabilidad pastoral te impulsa a tener criterio y tino respecto a lo que dices y cuándo lo dices. Como pastor que eres, hay una gran diferencia entre mostrar vulnerabilidad desde el púlpito y volcar toda tu vulnerabilidad delante de la congregación. Dicho de otra manera, podemos testificar respecto a la manera en que el poder de Cristo se perfecciona en nuestra debilidad y dejar que los oyentes vislumbren la gracia de Dios, o podemos testificar cómo nuestra debilidad nos deja desamparados y dejar que los oyentes se den cuenta de nuestro dolor. Además, la gente tiende a recordar lo último que dijiste y quizá no estén presentes cuando testifiques de una vida renovada. Así que, es necesario que te protejas a ti mismo durante estos tiempos difíciles.

Una vez participé en un panel de debate para predicadores y pastores. Nuestra nueva pastora abordó el tema del dolor emocional que ella había sufrido en el ministerio y nos planteó la interrogante respecto a la mejor manera como podemos enfrentar esta situación durante nuestra predicación. Esta nueva práctica incluía descripciones de su dolor cuando predicaba. No solo llegó a llorar cuando nos describía su experiencia; también nos relató que lo hacía cuando predicaba y cuando describía su dolor. Se me hace imposible ver que el ministerio de esta pastora pueda durar debido a su uso frecuente del púlpito para expresar su angustia. En calidad de predicadores, debemos saber encontrar maneras adecuadas para atender nuestras necesidades emocionales fuera del púlpito.

Pero, además de ello, tenemos la tentación de quedarnos callados. Cuando alguien ocupa un cargo de dirigente, reconocer que uno sufre de desesperación produce un sentimiento de vergüenza. Te dices a ti mismo: «¡Los dirigentes no deberían sentirse de esta manera, y mucho menos los predicadores!». Entonces, el aislamiento aumenta y también las paredes de la fortaleza. Las tinieblas empeoran y los intentos por escapar se van desvaneciendo.

Perder las esperanzas es algo aterrador. He tenido la oportunidad de conversar con pastores que han estado en esta situación. Nada parece ir bien y sienten que todo lo que sale mal es culpa de ellos. Aún sienten el llamado de Dios, pero no su poder. Están conscientes de que la situación no puede seguir como está, y temen que todo esto esté pronto a terminar. No pueden detener lo que sucede ni, menos aún, entenderlo.

Perder las esperanzas es algo aterrador. Las fuerzas que llevan a alguien a la desesperanza son muchas. El intercambio de palabras entre Jesús y los dos ladrones crucificados nos ofrece una impresionante descripción de la desesperanza (Lc 23.35–43). Los tres están agonizando. El ambiente está repleto de insultos y burlas, los cuales provienen de tres fuentes y se dirigen exclusivamente a Cristo. En primer lugar, los gobernantes mencionan el ministerio de Jesús y expresan mucha indignación: «—Salvó a otros —decían—; que se salve a sí mismo si es el Cristo de Dios, el Escogido» (Lc 23.35). En segundo lugar, los soldados mencionan el letrero de Pilato que fue clavado en la cruz y se expresan con ignorancia: «—Si eres el rey de los judíos, sálvate a ti mismo» (Lc 23.37). En tercer lugar, uno de los ladrones insulta a Jesús y se expresa con amargura: «—¿No eres tú el Cristo? ¡Sálvate a ti mismo y a nosotros!» (Lc 23.39).

Dicho de otro modo, por odio los gobernantes se burlan de Jesús por todo lo que ha hecho; los soldados lo hacen por ignorancia por lo que otros dicen que Él ha hecho; y el ladrón por amargura por lo que Jesús no ha hecho. No causa sorpresa alguna que los gobernantes y los soldados se burlaran e insultaran a Cristo de aquella manera. Sin embargo, vemos aquella tenebrosa imagen de alguien que ha perdido las esperanzas en el ladrón que se une a las burlas. Fijémonos que se encuentra crucificado y agonizante al lado de Jesús; sin embargo, se pone del lado de los que atormentan a Cristo. Repite las palabras y las blasfemias de los que se burlan de Él. Sus últimas fuerzas las dedica a expresar palabras de odio y amargura. La muerte y la desesperanza ahogan en todos los sentidos a este ladrón. Como tal, su muerte sin esperanza será profundamente trágica, porque desde su oscuridad, al alcance de su mano, está la Luz del mundo, tan solo por medio de una oración, pero es una oración que jamás llegará a orar.

Venga tu reino.

Es probable que jamás nos lleguemos a imaginar que caeremos en tal abismo de desesperación como es el caso de aquel ladrón. Sin embargo, si la desesperanza llega a tomar el control de nuestros corazones y dejamos que crezca sin frenos, nos sorprenderemos de escuchar lo que nosotros mismos nos digamos. He llegado a ver a sólidos cristianos perder las esperanzas y decir cosas increíbles cuando han tenido que enfrentarse a aquellos momentos difíciles en su vida, donde Dios parece estar ausente. En aquellos momentos, la desesperanza puede empeorar y la fe desvanecerse. Es como si las acusaciones de los acontecimientos en la cruz se volvieran a repetir. Y así, con amargura y de manera injusta, los discípulos llegan a declarar lo que Dios ha hecho, lo que han oído que ha hecho, y lo que debía haber hecho.

Pero hay un segundo ladrón en esta historia. Su vida también se está apagando. Su situación es como la del otro ladrón en todo sentido. Igualmente, ha cometido un crimen que merece la muerte y no hay nadie que pueda salvarlo. No habrá misericordia. Él también sufre de desesperación y oye los insultos que lanzan contra Jesús; pero, a diferencia del otro ladrón, se expresa de una manera muy distinta y ha logrado interrumpir su desesperación.

Venga tu reino.

«Pero el otro criminal lo reprendió:

—¿Ni siquiera temor de Dios tienes, aunque sufres la misma condena? En nuestro caso, el castigo es justo, pues sufrimos lo que merecen nuestros delitos; este, en cambio, no ha hecho nada malo.

Luego dijo:

—Jesús, acuérdate de mí cuando vengas en tu reino» (Lc 23.40–42).

Este ladrón no se une a las voces de odio respecto a lo que Jesús ha hecho o a la ignorancia sobre lo que pudo haber hecho o a la amargura por lo que no ha hecho. Más bien, apela a Jesús respecto a lo que Él es capaz de hacer.

Este ladrón ofrece una voz de esperanza a partir de una situación de desesperanza y confía en Cristo: «—Jesús, acuérdate de mí cuando vengas en tu reino» (Lc 23.42).

«Acuérdate de mí».

El ladrón ofrece una plegaria similar a «venga tu reino», pero anticipa qué sucederá en el futuro. Sospecho que nosotros tendríamos la misma expectativa. «Venga tu reino, y a pesar de mi angustia y desesperanza no lo veo venir todavía, pero acuérdate de mí cuando vengas finalmente en tu reino». Supongo que cualquiera que se encontrase en medio de la desesperación llegaría al punto de creer que ha dicho su última oración. Quizá piensen que ya no les queda fuerzas para seguir predicando. Por ello, oran hacia la oscuridad con la esperanza de que de alguna manera sus oraciones serán escuchadas, incluso si su ministerio no sobreviviera para ver los frutos de dicha oración. Se podría decir que estas oraciones se sienten como que todo ha terminado, que no son la solución, sino el fin.

Venga tu reino.

El ladrón percibe el presente como un asunto cerrado («En nuestro caso, el castigo es justo»); el pasado es irreversible («pues sufrimos lo que merecen nuestros delitos»); y el futuro está en las manos de Dios («acuérdate de mí»).

Si las palabras del ladrón alteraron su desesperanza, las de Jesús las hicieron añicos: «—Te aseguro que hoy estarás conmigo en el paraíso —le contestó Jesús» (Lc 23.43). Estas palabras son extremadamente personales. En los evangelios, la frase «les aseguro que» aparece muchas veces; sin embargo, solo Cristo la usa. Su propósito es que nos quede muy claro la certeza de lo que nos dice. Además, la única vez que usa la frase para dirigirse a una sola persona ocurre en Lucas 23 («te aseguro que»).[35] En todas las demás ocasiones, la utiliza para dirigirse a un

---

35 Harris, *Seven Sayings*, 38.

grupo de gente. En esta ocasión es entre Jesús y el ladrón. La pérdida de esperanza que el ladrón había manifestado ha sido oída y las palabras de Jesús se dirigen solo a él en aquel momento.

Venga tu reino.

La preciosa promesa de Jesús se resume en una sola palabra: «hoy». Según el pensamiento judío, se concibe el paraíso en términos de tiempo y no de espacio.[36] El paraíso es un tiempo que consiste en el *sabbat* definitivo, que gira en torno al Mesías. La respuesta de Jesús tiene mucho significado: «Te aseguro que hoy estarás conmigo en el paraíso». El tiempo y el lugar del paraíso gira en torno a Jesús. El ladrón literalmente se unió a Él en su muerte y en el paraíso.

En 1 Pedro leemos sobre el ejemplo de Jesús en la cruz y la clase de esperanza que el ladrón pudo experimentar:

> Para esto fueron llamados, porque Cristo sufrió por ustedes, dándoles ejemplo para que sigan sus pasos.
>
> "Él no cometió ningún pecado,
>   ni hubo engaño en su boca".
>
> Cuando proferían insultos contra él, no replicaba con insultos; cuando padecía, no amenazaba, sino que se entregaba a aquel que juzga con justicia. Él mismo, en su cuerpo, llevó al madero nuestros pecados, para que muramos al pecado y vivamos para la justicia. Por sus heridas ustedes han sido sanados. Antes eran ustedes como ovejas descarriadas, pero ahora han vuelto al Pastor que cuida de sus vidas. (1P 2.21–25)

Un comentarista bíblico, al reflexionar sobre este incidente en la cruz, nos ofrece un gran desafío: «Al contemplar a nuestro Salvador clavado en la cruz y negándose a tomar represalias, debemos abrir nuestros corazones y dejar que aquel mismo "abandono" afecte todos los aspectos de nuestra vida. Cuando nos entregamos a Dios y vivimos para él y nuestro prójimo, nuestras almas se imbuyen en el poder y el misterio de "Cristo en ustedes, la esperanza de gloria" (Col 1.27)».[37]

---

[36] Robinson, *Essential Judaism*, 88.
[37] Takatemjen, *Luke*, 1383.

Venga tu reino.

Pero ¿y qué de ti y de tu pérdida de esperanza? La oración que ofrecemos para esta reflexión es «venga tu reino». Según las palabras del ladrón, nuestra oración está imbuida en la esperanza de que Jesús «se acordará de nosotros», porque, para alguien que ha perdido las esperanzas, la petición «acuérdate de mí» tiene muchísimo significado.

En Melbourne, Australia, hay un centro en memoria del holocausto judío, que es un museo y lugar de educación que difunde el conocimiento de los hechos de ese genocidio ocurrido durante la Segunda Guerra Mundial.[38] Al lado del museo existe un pequeño recinto llamado Salón de la Memoria, donde, en una de las paredes, hay un testimonio de parte de una mujer llamada Eva, el cual explica la razón de la existencia de dicho recinto. Empieza de esta manera: «Nadie realmente supo su nombre. Se sentaba junto al horno de ladrillos que corría casi a todo lo largo de toda la barraca. Todo el día se mecía de un lado a otro, en silencio, sin decir ni una palabra». Lo que sigue es la descripción de un niño de nueve años, traumatizado, que se halla solo en Auschwitz-Birkenau. La propia Eva tiene unos trece años en aquel momento. Un día el niño despierta abruptamente de aquel silencio solitario y traumático. El relato de Eva prosigue: «Corrió hacia mí con mucha prisa, con lágrimas en su rostro; sus penetrantes ojos marrones me miraban fijamente y me rogaba: "Eva, me llamo Shmuel, tengo nueve años, mi turno ha llegado, prométeme que dirás un kaddish [oración judía por los muertos] por mí, recuerda este día, esta fecha y mi nombre, Shmuel"». Eva nos narra el pánico que sufrió. Desconocía el día o la fecha en que estaba, pero en ese momento sintió la cicatriz del

---

[38] El Holocausto es el nombre que se le ha dado al genocidio cometido por Adolfo Hitler y el partido Nazi contra la comunidad judía en Alemania y Europa, y que tuvo su inicio en la década de 1930 pero en especial durante la Segunda Guerra Mundial (1939–1945). Hitler y los nazis llamaron a este acto «la solución final». Para ello, establecieron campos de concentración por toda Alemania y los países que había invadido. Los nazis fueron inmisericordes con todos los judíos, ya que desde todas partes de Europa tanto jóvenes y viejos, hombres y mujeres fueron despachados en vagones de tren para ganado para ser asesinados en los campos de concentración. El más famoso e infame campo de concentración era el de Auschwitz-Birkenau en Polonia. De los seis millones de judíos que fueron asesinados en los campos de concentración, un millón de ellos murió en Auschwitz-Birkenau. Los judíos recibieron la muerte en cámaras de gases, y muchos más murieron de inanición, enfermedades y por trabajos forzados.

tatuaje en el brazo que todos los prisioneros llevaban. Le dijo a Shmuel que el número del tatuaje que ella tenía en el brazo sería su kaddish. «Shmuel se marchó contento, sabiendo que sería recordado, y creyendo en Dios hasta el final». El relato termina con las palabras finales de Eva, que agradece por la dedicación de este recinto, porque su carga ha sido eliminada. Este niño no ha sido olvidado junto a muchos otros más, quienes, según las palabras de Eva, «susurraron con sus últimos alientos un kaddish», y en este pequeño recinto, las paredes están repletas de los nombres de aquellas personas. Todas ellas no han sido olvidadas.

La existencia de este museo nos da a conocer la necesidad humana de que nos vean, nos oigan y nos recuerden; en especial, que Dios nos recuerde.

Cuando perdemos las esperanzas, quizá lo que más podemos esperar es que en algún punto del futuro el reino de Dios llegue y sane lo poco que hemos dejado. La plegaria «venga tu reino» ha cambiado a «acuérdate de mí cuando vengas en tu reino». Es una oración de fe para el futuro, pero no para este momento presente. Han pasado muchas cosas y queda muy poco por hacer. Cuando perdemos las esperanzas, echamos de menos el discernimiento y, en especial, el anticipo de la venida de Cristo, aquel sentido de urgencia por su presencia. En respuesta a tu lamento, Jesús te responde «hoy».

«Cuando Dios se acuerda de nosotros, no es que solo *piense acerca de* nosotros. Dios *obra por* nosotros con su poder que nos salva.[39]

Venga tu reino.

«Te aseguro —a ti que lees este libro— que hoy estarás conmigo».

Reflexión

Piensa en todo lo que te cause pérdida de la esperanza; y piensa en Dios, que siempre se acuerda de ti y actúa para tu propio bien.

Oración

Venga tu reino.

---

[39] Rutledge, *Seven Last Words*, 20. Énfasis en el original.

Capítulo 12

Hágase tu voluntad en la tierra como en el cielo

Oración para predicadores que deseen pertenecer a una familia

Juan 19.25–27
Junto a la cruz de Jesús estaban su madre, la hermana de su madre, María la esposa de Cleofás, y María Magdalena. Cuando Jesús vio a su madre, y a su lado al discípulo a quien él amaba, dijo a su madre:
—Mujer, ahí tienes a tu hijo.
Luego dijo al discípulo:
—Ahí tienes a tu madre.
Y desde aquel momento ese discípulo la recibió en su casa.

Cuando era estudiante de teología, mi profesor de Nuevo Testamento solía decir que la crucifixión generaba tal grado de horror entre los antiguos escritores que evitaban escribir acerca de ella. La información más detallada la encontramos en el relato de los evangelios. En esta información que aparece en los cuatro evangelios, leemos acerca de los testigos presenciales de este espantoso hecho. Sin embargo, de todos los que estuvieron presentes en la crucifixión, la madre de Jesús se ubica en una categoría propia. Es imposible exagerar el amor de una madre por su hijo, y el impacto de presenciar la horrífica crucifixión de su propio hijo supera cualquier descripción. La profecía de Simeón cuando el niño Jesús fue presentado en el templo es una de las descripciones más cercanas que tenemos a mano: «Este niño está destinado a causar la caída y el levantamiento de muchos en Israel, y a crear mucha oposición, a fin de que se manifiesten las intenciones de muchos corazones. En cuanto a ti, una espada te atravesará el alma» (Lc 2.34–35).

«En cuanto a ti, una espada te atravesará el alma». Las Escrituras nos dicen que María tenía la costumbre de conservar en su corazón las cosas que sucedían y que meditaba en torno a ellas (Lc 2.19, 51). Las palabras de Simeón habrían quedado guardadas en el corazón de María esperando el día en que se cumpliesen.

Aparte del carácter único que ella ocupaba en la crucifixión, debemos añadir estas palabras: «Junto a la cruz de Jesús estaban su madre […]» (Jn 19.25). La frase «la cruz de Cristo» solo aparece en el relato de Juan. De cierta manera, da a conocer una faceta profundamente personal, lo cual se vuelve aún más profundo con las palabras «estaban su madre […]». Si bien en la lista se hallan otras personas, la madre de Jesús aparece primero, lo cual da a conocer el dolor privado que solo una madre puede sufrir. Hay otras mujeres junto a ella, pero el dolor de esta madre solo ella lo puede entender.

Jesús ve a su madre junto a Juan, «el discípulo a quien él amaba». De entre las siete palabras que dijo desde la cruz, las que pronunció para estas dos personas son las más tiernas y personales. Son palabras compasivas: «Mujer, ahí tienes a tu hijo» y «Ahí tienes a tu madre». Estas resaltan la situación de la madre de Jesús. Si bien ella se encuentra acompañada de otras personas junto a la cruz, es una situación que debe enfrentar a solas. María se encuentra sola. Las palabras de Jesús amplían el mayor significado del salmo 68.5–6:

> Padre de los huérfanos y defensor de las viudas
>> es Dios en su morada santa.
> Dios da un hogar a los desamparados
>> y libertad a los cautivos;
>> los rebeldes habitarán en el desierto.

Hágase tu voluntad en la tierra como en el cielo.

La cruz de Jesús es una fuente, tanto simbólica como literal, de atención por los que sufren dolor y están solos, porque los que se hallan solos y abandonados oyen las palabras de Jesús y se dan cuenta de que Él presta atención a la situación por la que atraviesan.

El ministerio de la predicación puede repentinamente tornarse en una experiencia de mucha soledad. Tenemos aquí un ministerio que siempre está en contacto con la gente. Cuando predicamos, lo hacemos en comunidad. Incluso cuando preparamos el sermón, llevamos en nuestra mente y corazón a la gente a la que predicaremos. Pensamos cuál será la mejor manera de redactar el sermón para que se conecte con la gente que lo oirá. Pensamos en la congregación y las explicaciones que necesitarán escuchar, los ejemplos que serán útiles y las aplicaciones necesarias. Sin embargo, la predicación también puede crear situaciones de profunda soledad en el predicador, pues, pese a todas las conexiones que hayas logrado tener con la congregación, existe también un punto de separación, porque solo tú has interactuado con el pasaje de la Escritura para tu sermón, y en aquel proceso hay un elemento de soledad. Aun cuando seas un buen predicador, habrá partes que no lograrás decir o no habrás comunicado satisfactoriamente; solo tú sabrás las oraciones que habrás orado y los frutos que habrás anticipado ver. Luego del sermón, los comentarios que recibas oscilarán entre suficientes e insuficientes, desde alentadores y demasiado críticos, desde emocionantes hasta deprimentes.

En una ocasión, luego de que predicara un sermón en el que pensé que me había desempeñado bien, uno de los congregantes se me acercó. La rapidez con la que esta persona caminó hacia mí me hizo pensar en que se trataría de algún asunto importante basado en el sermón. Sin embargo, todo lo que ella quería saber era cómo solucionar un problema con uno de sus aparatos electrónicos. En otra ocasión, mientras yo pensaba una vez más en lo bien que había predicado el sermón, una de las personas me comentó que una de mis citas bíblicas estaba incorrecta en un número, y no me comentó nada más ni me ofreció palabras de aliento respecto al sermón. Incluso otra decidió afiliarse a los mormones por causa de uno de mis sermones. La predicación puede llegar a ser una actividad muy solitaria.

Hágase tu voluntad en la tierra como en el cielo.

A manera de ejemplo, la historia de Jacob en Génesis 32.22–32 nos ayuda a reflexionar sobre este asunto. Él se encuentra en camino para reunirse con su hermano Esaú, y ello le causa un tremendo temor, por lo que decide enviar a su familia y sus bienes delante de él, y se queda solo. Luego un hombre lucha con Jacob toda la noche. Al final de aquella historia descubrimos que ese «hombre» era Dios. Hay bastante misterio en el relato, pero la imagen de Jacob que lucha contra Dios, que recibe la bendición de un nuevo nombre (que simboliza un cambio de carácter) y que sale cojeando de dicho encuentro, nos ofrece un resumen de lo que puede llegar a ser el ministerio de la predicación. Estás solo con Dios, porque, si bien hay otros que se encuentran involucrados, tú estás solo en esta lucha. La imagen de la noche agrava la sensación de estar solo. Por un lado, mientras preparas el sermón, vuelves a vivir Génesis 32. Otros se beneficiarán de la lucha, pero tú solo como predicador tienes que luchar contra Dios. Solo tú sales cojeando de aquel encuentro, y solo tú conoces el cambio que ha habido en tu carácter. La predicación puede llegar a ser una actividad muy solitaria.

Hágase tu voluntad en la tierra como en el cielo.

Las palabras de Juan 19.25 describen el lugar que ocupas: «Junto a la cruz de Jesús […]» estabas tú. Tu alma anhela recibir palabras compasivas que puedan aliviar tu soledad. Añoras escuchar palabras como las que Jesús les dijo a su madre y a su discípulo; palabras que unen a la gente.

Mi esposa y yo tuvimos la oportunidad de vivir en otro país por un par de meses con el propósito de dedicarme a un proyecto de predicación. Tenía grandes expectativas respecto a lo que podría lograr durante aquel tiempo. Sin embargo, cuando llegué a aquel lugar y empecé con mi investigación, fue como si hubiese perdido mi habilidad de pensar y reflexionar sobre temas de predicación. Cada día era una batalla y, aunque hubo momentos en los que recibí aliento de parte de Dios y las Escrituras, en muchas otras ocasiones me sentí muy desanimado debido a que no podía producir casi nada, y lo poco que lograba no me satisfacía. En general, sentía que me hallaba en declive en vez de mejorar. De hecho, escribí en mi diario que estaba empezando a cuestionarme si había perdido el don de la predicación y pensaba que la situación estaba llegando a su punto final. Me sentía solo y era incapaz de detener el aumento de mi desesperación y soledad. Empecé a sentir temor. Fue como si estuviese al lado de la cruz de Jesús y me sentí abrumado por la muerte. El futuro empezaba a desvanecerse.

Al lado de la pequeña casa donde nos hospedábamos había otra pareja de visitantes: un pastor y su esposa provenientes de los Estados Unidos, a quienes su iglesia les había otorgado un permiso para ausentarse. El pastor se llamaba Steve. A veces, Steve y yo conversábamos sobre temas generales; luego, durante la conversación, sin previo aviso, él decía algo que me alarmaba, pues iba dirigido a mí y era personal, intenso, específico, emocionante, alentador y cálido. Me ofrecía algún comentario respecto al estilo con que escribo o enseño y me alentaba a que siguiera adelante con ello. Sus comentarios me causaban una total sorpresa. Le pregunté la razón de sus comentarios, porque no veía ninguna conexión con lo que habíamos estado conversando anteriormente. Pero lo que él estaba haciendo era prestar atención a la música, la emoción detrás de mis palabras, aquella música o emoción que yo mismo había dejado de sentir. Quizá no era casualidad que Steve fuera un destacado compositor de música y un hábil ejecutante. Aquello era lo que él hacía, pero me percaté de que Alguien más estaba involucrado. Jesús me decía en medio de mi soledad: «Ahí tienes a tu hermano», y mi hermano me recibió con los brazos abiertos.

Cuando llegó el tiempo de que regresáramos a nuestros países de origen, Steve nos entregó un regalo dedicado a mi esposa y a mí. Se trataba de una hermosa pieza de artesanía que seguramente había costado muchas horas de trabajo. La pieza se llamaba *scherenschnitte*, que en alemán significa «corte de tijeras» (o silueta). La artesanía provenía de inmigrantes alemanes que llegaron en el siglo XVIII a Pennsylvania, EE. UU. Era una pieza delicadamente cortada en papel, con finos detalles en forma de corazón, dentro del cual había pequeñas flores con ramas y dos aves con un pequeño corazón en el medio. En el dorso de la figura, Steve había escrito una explicación de ella:

> El gran corazón es el amor de Dios que los cubre y abraza a los dos como las aves con sus alas abiertas. El corazón más pequeño representa el amor que tienen el uno por el otro y por Cristo y su llamado. Las flores simbolizan el fruto que Dios ha preparado de antemano y que ustedes producirán. En algún lugar de la figura, aparece una pareja que ora por ustedes.

Hágase tu voluntad en la tierra como en el cielo.

A veces sucede que llegamos a un lugar con pocas fuerzas para lograr algo. En ese estado de debilidad, la soledad y el aislamiento agotan nuestras fuerzas y esperanzas. La tarea de la predicación se vuelve más difícil. En esas condiciones, espero que el eco de las palabras de la cruz te ofrezca la amistad y la familia que necesitas. Ruego a Dios que logres experimentar el cuidado y la compasión de Cristo por medio de la consideración y la bondad de otros, porque Dios coloca a los que están solos en familias que cuiden de ellos, y quiere edificar comunidades en su nombre. Dios desea cuidarte y que tu sentimiento de soledad desaparezca, pues, en la medida en que esto vaya sucediendo, su voluntad se hará «en la tierra como en el cielo».

Reflexión

Tú que eres predicador, ¿has experimentado soledad? ¿O quizá has visto que otro predicador sufre de soledad? ¿De qué manera Dios te ha invitado a formar parte de alguna familia o te ha pedido que seas familia para alguien que está solo?

Oración

Hágase tu voluntad en la tierra como en el cielo.

Danos hoy
nuestro pan cotidiano

Oración para predicadores
que necesiten el sustento espiritual

Juan 19.28–29
Después de esto, como Jesús sabía que ya todo había terminado, y para que se cumpliera la Escritura, dijo:
—Tengo sed.
Había allí una vasija llena de vinagre; así que empaparon una esponja en el vinagre, la pusieron en una caña y se la acercaron a la boca.

De los siete dichos de Jesús en la cruz, «Tengo sed» es probablemente el más fácil con el que podemos identificarnos, ya que todos hemos sufrido de sed alguna vez. La frase «Tengo sed» tiene un punto de encuentro con nuestra experiencia humana. Sin embargo, también hay un punto de desencuentro. Desconocemos aquella clase de sed que se sufre luego de haber estado en juicio toda la noche, haber sido flagelado por soldados romanos, haber cargado una cruz, haber sido crucificado y haber permanecido en aquella cruz por horas.

Las sencillas pero agonizantes palabras de Jesús logran conectarse con nuestra condición humana y la trasciende debido a aquellas inconcebibles torturas. «Tengo sed» se refiere a una necesidad humana básica, y a cambio nos ofrece una respuesta divina. Aquel que ha sacrificado su vida para que lleguemos a conocer la plenitud ha dicho «Tengo sed».

La descripción que Juan ofrece de estas palabras en la cruz es precedida por una aclaración: «… para que se cumpliera la Escritura, dijo [Jesús]» (Jn 19.28). Juan no especifica cuál pasaje de las Escrituras se ha cumplido. Sin embargo, es como si desde lejos aparecieran versículos que han vislumbrado este momento en la cruz y rinden homenaje.[40] Es como si estos versículos bastante distantes describieran una profunda e incumplida necesidad y que ahora encuentran su cumplimiento en este grito desde la cruz. Estos versículos distantes quizá incluyan:

> Como agua he sido derramado;
>> dislocados están todos mis huesos.
> Mi corazón se ha vuelto como cera,
>> y se derrite en mis entrañas.
> Se ha secado mi vigor como una teja;
>> la lengua se me pega al paladar.
>> ¡Me has hundido en el polvo de la muerte!
>> (Sal 22.14–15)

> Cansado estoy de pedir ayuda;
>> tengo reseca la garganta.
> Mis ojos languidecen,
>> esperando la ayuda de mi Dios.
> En mi comida pusieron hiel;
>> para calmar mi sed me dieron vinagre. (Sal 69.3, 21)

Otros versículos distantes se aproximan más a la frase «Tengo sed», ya que aparecen también en el Evangelio de Juan. Es como si hablaran del don de Dios; sin embargo, nos señalan el gran costo que se ha tenido que pagar por este don. De cierta manera es un misterio; las palabras de la cruz cumplen lo que Jesús había prometido anteriormente en el Evangelio de Juan. El que grita «Tengo sed» es el mismo que usa el agua para crear un excelente vino de bodas (Jn 2.1–11).

---

[40] La frase «versículo distante» se usa para describir una clase particular de sermones que los rabinos hasídicos solían predicar en la Edad Media. Los rabinos leían un pasaje de la Biblia y, sin ofrecer comentario alguno, pasaban a otro pasaje totalmente distinto, un versículo distante. Luego planteaban algún problema o tema para resolver a partir del versículo distante y, a continuación, ofrecían alguna solución a partir del versículo original (Kunst, *Burning Word*, 64–66).

El que grita «Tengo sed» es el mismo que le pide agua a la mujer samaritana (Jn 4.7). Aquella mujer no puede salir de su asombro al ver que un judío le ha pedido agua, pues entre judíos y samaritanos no había interacción social. Pero Jesús le responde: «—Si supieras lo que Dios puede dar, y conocieras al que te está pidiendo agua [...], tú le habrías pedido a él, y él te habría dado agua que da vida» (Jn 4.10).

El que grita «Tengo sed» es el mismo que se paró en el último y más importante día de la fiesta de los Tabernáculos y dijo en voz alta: «—¡Si alguno tiene sed, que venga a mí y beba! De aquel que cree en mí, como dice la Escritura, brotarán ríos de agua viva» (Jn 7.37–38).

En otras partes de los evangelios, otros versículos distantes presagian el grito «Tengo sed».

El que grita «Tengo sed» es el mismo que tomó la copa en la última cena, símbolo de su sangre que derramó en la cruz, y la ofreció a sus discípulos (Mt 26.27–29). Dijo además que no tomaría del fruto de la vid hasta el día en que volviera a tomarlo junto con sus discípulos en el reino de su Padre. Las palabras «Tengo sed» y el intento de algunos que estaban al pie de la cruz por hacerle tomar vinagre (Jn 19.29) recalcan la sed de Jesús y nos señalan un cumplimiento pleno y final.

El que grita «Tengo sed» había orado anteriormente en el huerto de Getsemaní: «Padre mío, si no es posible evitar que yo beba este trago amargo, hágase tu voluntad» (Mt 26.42). Jesús bebe de aquella copa y sufre una sed mortal.

«Después de esto, como Jesús sabía que ya todo había terminado, y para que se cumpliera la Escritura, dijo: —Tengo sed» (Jn 19.28).

Como predicadores, nosotros también gritamos desde la distancia y hallamos consolación en estas palabras de Jesús. Nuestro grito a la distancia se debe a que nos sentimos vacíos, pues la predicación conlleva mucho sacrificio. Predicar la palabra de Dios es un proceso vivificante en más de un sentido. Nuestra vida se enriquece por el privilegio de este ministerio; enriquecemos la vida de los demás cuando predicamos las Escrituras; sin embargo, gastamos también nuestra propia vida en el proceso. La predicación puede llegar a ser una actividad agotadora.

Luego de yo haber predicado un sermón, al final del culto, una mujer se me acercó y me dijo: «Estoy segura de que estás feliz por haber podido dar a luz aquel sermón». La mujer había acertado. El sermón había sido una carga pesada para mí, y di parte de mi vida al predicarlo. De alguna manera, ella logró darse cuenta de que el sermón me había drenado, y quizá usó la imagen del parto solo por ser una mujer.[41]

Como predicadores, podemos hallarnos muchas veces exhaustos. Nos queda poca energía; sin embargo, debemos escribir el siguiente sermón. Para aquellos que se dedican plenamente al ministerio de la predicación, las exigencias de este pueden ser incesantes. Además, en su labor de predicador, habrá momentos en los que su audiencia no lo escuchará bien o lo entenderá mal. Esto le sucederá desde el púlpito y fuera de este. Habrá momentos en los que estará en una posición que no le permitirá defenderse u ofrecer explicación alguna. O habrá momentos en los que tendrá la oportunidad de decir algo al respecto, pero deberá optar por la cordura y el tino, y quedarse callado.

Uno de los mejores consejos que recibí provino de parte de una mujer adulta mayor gobernante de la iglesia. Estábamos tratando una situación pastoral bastante difícil del liderazgo de esta, y producto de ello recibíamos críticas de algunos miembros de la congregación. Le dije: «Pero si les decimos lo que realmente está sucediendo, quizá nos entiendan». Ella me respondió: «Los líderes no siempre tienen la oportunidad de contar su versión del problema». La gobernante de la iglesia tenía toda la razón, a pesar de que hay un gran precio que se tiene que pagar por quedarse callado y no decir el punto de vista de uno mismo.

Con el paso del tiempo, los predicadores pueden llegar a encontrarse en situaciones espirituales que se parecen bastante a las descritas por el salmo 63:

> Oh Dios, tú eres mi Dios;
> yo te busco intensamente.

---

[41] Nota del traductor: En el original aparece lo siguiente al final de este párrafo: *I guess it is no accident that we talk about "delivering a sermon."* He omitido esta parte por ser intraducible al español, si bien vale la pena explicar su contenido porque sirve como un excelente ejemplo para ilustrar aspectos semánticos del lenguaje humano. En inglés, la palabra *delivery* es polisémica; puede significar «liberar», «rescatar», «guardar» y también «parir» o «dar a luz». Por ello, el autor comentó que la predicación podría verse como un acto de «dar a luz un sermón». Esta imagen particular del lenguaje solo se puede dar en inglés. Y aunque más a menudo se ven traducciones que afirman «dar a luz un sermón», esta imagen no cuaja en las lenguas romances.

> Mi alma tiene sed de ti;
>> todo mi ser te anhela,
>>> cual tierra seca, extenuada y sedienta. (Sal 63.1)

Tenemos sed de Dios. Nuestro ministerio y todo nuestro ser son como una tierra seca. ¿Qué podemos hacer?

Para que las Escrituras se cumplan y nuestros anhelos logren cumplirse, gritamos también desde la distancia. Nuestro versículo distante que dirigimos a la cruz es «Danos hoy nuestro pan cotidiano». ¿De qué manera nuestra oración por el pan cotidiano es correspondida desde aquel grito de sed desde la cruz? El que gritó desde la cruz «Tengo sed» había hablado anteriormente en su ministerio acerca del hambre y la sed al mismo tiempo. Jesús se identificó a sí mismo como el pan de vida que satisface el hambre y aplaca la sed. Dijo: «—Yo soy el pan de vida [...]. El que a mí viene nunca pasará hambre, y el que en mí cree nunca más volverá a tener sed» (Jn 6.35). Jesús nos ha prometido que logrará satisfacer nuestras más profundas hambre y sed. Nuestro grito «Danos hoy nuestro pan cotidiano» ha sido cumplido gracias al inmenso costo del pan de vida, que dijo: «Tengo sed». La vida de Jesús ha sido derramada como si fuera una ofrenda y, gracias a ello, ya no tenemos hambre ni sed.

Danos hoy nuestro pan cotidiano.

Es imposible explicar la manera en que esto sucede. No hay fórmulas mágicas. Es por la gracia y la dádiva de Dios, porque Él tiene los medios para darte el sustento diario y lo hace de una manera que no queda duda alguna de que ha intervenido.

Cuando servía de pastor en una congregación, hubo una vez cuando fui agredido verbalmente por otro pastor. No había tenido la oportunidad de conocerlo con anterioridad, pero, a pesar de ello, decidió gritarme e insultarme respecto a una decisión con la que no estaba de acuerdo. Tuve que dejar la reunión por mi propia seguridad. Llegué a sentirme totalmente drenado por causa del ataque. Salí del edificio y, en vez de retornar, decidí marcharme del lugar. Luego, así como me encontraba herido y desgastado, decidí visitar a mi consejero, quien era uno de los mejores predicadores que he conocido: un hombre con una personalidad muy amable, que amaba las Escrituras y las conocía muy bien. Sin embargo, ya era de edad muy avanzada y, por causa de una apoplejía, había perdido la capacidad del habla. Llegué a su casa y me senté a conversar con él. Sin mencionarle nada respecto al incidente, le hablé pese a que no me podía responder. Me sonreía; su mirada mostraba un brillo admirable. Finalmente, le dije que quería orar por él, le tomé de la mano y empecé a orar. Fue como si estuviese tomando la mano del propio Cristo. Mientras oraba por mi consejero, yo mismo experimentaba sanidad en mi alma herida. Fue como si la vida emanara de él hacia mí, pese a que era incapaz de hablar. Salí del lugar sintiéndome entero una vez más.

Danos hoy nuestro pan cotidiano.

Quizá lo que experimenté aquel día fue el ministerio de alguien que imitaba el ministerio de Jesús: entregarse totalmente al prójimo para que reciba el sustento espiritual que necesita. Dios nos puede proveer del sustento diario en medio de la aridez gracias al ministerio de personas como mi consejero. Vemos este ejemplo en el ministerio de Pablo y Timoteo, en donde Pablo se entrega totalmente y, aun así, sostiene al joven pastor: «Tú, por el contrario, sé prudente en todas las circunstancias, soporta los sufrimientos, dedícate a la evangelización; cumple con los deberes de tu ministerio. Yo, por mi parte, ya estoy a punto de ser ofrecido como un sacrificio, y el tiempo de mi partida ha llegado. He peleado la buena batalla, he terminado la carrera, me he mantenido en la fe» (2Ti 4.5–7).

«Tengo sed».

Danos hoy nuestro pan cotidiano.

Tomen y coman.

Reflexión

Haz una lista de las maneras en que te sientes mermado y exhausto.

Oración

Danos hoy nuestro pan cotidiano.

Perdónanos nuestras deudas, como también nosotros hemos perdonado a nuestros deudores

Oración para predicadores que deseen gozar de libertad plena

Lucas 23.32–34
También llevaban con él a otros dos, ambos criminales, para ser ejecutados. Cuando llegaron al lugar llamado la Calavera, lo crucificaron allí, junto con los criminales, uno a su derecha y otro a su izquierda.

—Padre —dijo Jesús—, perdónalos, porque no saben lo que hacen.

Mientras tanto, echaban suertes para repartirse entre sí la ropa de Jesús.

De entre las siete palabras de la cruz, quizá esta sea la más exigente, pues muestra que, contrariamente a la magnitud de las injusticias que sufría, su capacidad para perdonar era superior. Vemos la naturaleza de Dios: «Pero allí donde abundó el pecado, sobreabundó la gracia» (Ro 5.20).

En pocas palabras, Lucas nos presenta la situación. Lo hace dándonos a conocer un hecho tras otro, y así consigue describir la imagen de una terrible injusticia. Cada afirmación conlleva la intensidad de un golpe de martillo que clava las injusticias en el cuerpo de Jesús.

Afirma, además, que hay otros dos criminales que marchan junto a Jesús. Se dice claramente que son criminales, de lo cual se deduce que también lo tratan como a uno de ellos. Van a ser ejecutados, que es el peor fin de un criminal. El nombre del lugar de la ejecución le da aun un aire más macabro: la Calavera. Los ladrones son crucificados a la izquierda y a la derecha de Jesús, con lo cual se quiere imitar, a manera de burla, la situación de cuando los invitados de honor se sientan a ambos lados del rey. El rey que está entre los dos invitados lleva una cruel corona y su trono es un instrumento de tortura.[42] Contrariamente a lo que aconteció en su niñez, cuando los reyes se arrodillaron delante de él, lo adoraron y le ofrecieron oro, incienso y mirra (Mt 2.11), los que ahora lo rodean se dividen sus pocas posesiones materiales. La injusticia es descomunal, pero su perdón es superior.

«—Padre —dijo Jesús—, perdónalos, porque no saben lo que hacen». El amor que vemos es extraordinario. Jesús se dirige a su Padre de una manera muy íntima. Se trata de una de las tres oportunidades en las que Jesús hace esto. Las otras dos son cuando grita: «Dios mío, Dios mío, ¿por qué me has desamparado?» (Mt 27.46; Mr 15.34) y «¡Padre, en tus manos encomiendo mi espíritu!» (Lc 23.46). Estos dos sucesos ocurren luego de las tres horas de oscuridad que cubrieron la tierra antes de que Jesús muriera. Desde aquella profunda oscuridad, llama a su Padre. Que le haya pedido que perdone a los que están allí presentes, demuestra el grado tan profundo de oscuridad y muerte en la que se encuentra la humanidad en medio de un mundo carente del perdón de Dios.

Vemos también el inconmensurable grado de amor y gracia en la petición de Jesús, pese a que no hay confesión o arrepentimiento alguno de parte de quienes lo han crucificado. Las Escrituras nos explican este misterio de la mejor manera: «Pero Dios demuestra su amor por nosotros en esto: en que cuando todavía éramos pecadores, Cristo murió por nosotros» (Ro 5.8); «En esto consiste el amor: no en que nosotros hayamos amado a Dios, sino en que él nos amó y envió

---

[42] El Evangelio de Lucas no menciona la corona de espinas, pero queda claro que sabemos de su existencia debido al testimonio de los demás evangelios (Mt 27.28–29; Mr 15.17; Jn 19.2).

a su Hijo para que fuera ofrecido como sacrificio por el perdón de nuestros pecados» (1Jn 4.10).

De ninguna manera sugerimos que se debe pasar por alto la confesión de pecados y el arrepentimiento delante de Dios, pero sí nos sirve de ejemplo cuando nosotros mismos tenemos que perdonar a nuestro prójimo. En vez de esperar que quienes nos han ofendido confiesen sus pecados y se arrepientan para que podamos perdonarlos, ¿estamos dispuestos a perdonarlos en nuestro corazón sin que hayan cumplido con ello?

Perdónanos nuestras deudas, como también nosotros hemos perdonado a nuestros deudores.

La parábola del siervo despiadado (Mt 18.21–34) explora este tema luego de que Pedro preguntó cuántas veces debe él perdonar a su prójimo. La enseñanza de la parábola es el contraste entre el perdón que el rey ha otorgado a la tremenda deuda de su siervo, y la negativa de aquel mismo siervo de perdonar la minúscula deuda de otro siervo. John Stott escribió al respecto: «Una vez que nuestros ojos hayan sido abiertos para que nos demos cuenta de la inmensidad de nuestras ofensas contra Dios, las ofensas que otros nos han causado se tornan insignificantes. Por otro lado, si vemos de una manera exagerada las ofensas que los demás han cometido contra nosotros, ello comprueba que hemos reducido al mínimo nuestras propias ofensas».[43]

La majestuosidad del grito de Jesús desde la cruz nos demuestra cuán inmensa es la gracia de Dios, la cual nos ofrece la capacidad de dar gracia a nuestro prójimo.

Perdónanos nuestras deudas, como también nosotros hemos perdonado a nuestros deudores.

Las palabras de Jesús desde la cruz nos ofrecen la oportunidad de tomar una pausa y considerar nuestras vidas y ministerios como predicadores que somos, porque no podemos darnos el lujo de guardar resentimientos en nuestros corazones y creer que, con integridad y libertad, podemos predicar el evangelio. Nosotros, que proclamamos las Escrituras a los demás, tenemos la tremenda responsabilidad de ser un ejemplo según el modelo de ellas. Sin el perdón, no hay fe

---

[43] Stott, *Sermon on the Mount*, 91.

cristiana. El perdón es el alma de la comunidad y de cada persona que la constituye.

Perdónanos nuestras deudas, como también nosotros hemos perdonado a nuestros deudores.

Teniendo en cuenta el lugar y la necesidad del perdón en tu vida de predicador, considera estas observaciones y ejemplos.

Perdonar a alguien es algo muy difícil. Hay que reconocer esto. El camino al perdón puede ser complejo y doloroso. Poner en práctica el perdón es, a menudo, difícil. Además, el doloroso recuerdo de la ofensa puede salir a la superficie sin previo aviso. Justo cuando creemos haber perdonado a alguien, descubrimos que aún nos afecta el agravio. Ten por seguro que estos sentimientos son parte natural de todo ser humano. Con el paso del tiempo van perdiendo su efecto y dolor. Es como verter agua en llamas de fuego. Lograremos apagarlo, pero si escarbamos las cenizas, es probable que aún queden rescoldos. Con el tiempo se enfriarán, pero en un inicio pueden causar dolor. Sin embargo, debemos evitar atizar el fuego y avivarlo hasta volver a tener llamas de ira, porque quizá seamos nosotros mismos los que terminemos quemados.

Perdónanos nuestras deudas, como también nosotros hemos perdonado a nuestros deudores.

Me pregunto: ¿a quién debemos perdonar? O quizá: ¿de parte de quién necesitamos recibir perdón? Recuerdo haber sufrido de resentimiento contra mi familia por varios años. Entonces, me volví cristiano y descubrí que mis expectativas respecto a que ellos debían pedirme perdón fueron sustituidas por una toma de conciencia respecto a que yo debía pedirles perdón primero. Me había quedado atascado en el dolor que mi familia me había causado, pero fui incapaz de ver el dolor que yo les había provocado. Entonces, yo tenía que ser el primero que debía pedir perdón, no mi familia. También me di cuenta de que necesitaba el perdón de Dios por causa de las ofensas cometidas contra mi familia. Cuando logré experimentar aquel perdón, sentí como si una mole de concreto hubiera sido quitada de mis hombros.

Perdónanos nuestras deudas, como también nosotros hemos perdonado a nuestros deudores.

En nuestro hogar tenemos un sorprendente ejemplo del poder detrás de la falta de perdón. Como obsequio de bodas, una mujer nos dio una hermosa pintura de unas montañas y el mar. Luego nos enteramos de que ella misma había pintado el cuadro. También supimos que por muchos años había sufrido de una enfermedad que incapacitó sus manos. Le era imposible abrirlas y cerrarlas de una manera normal. No podía sostener cosas y requería de instrumentos especiales para poder comer. Fue entonces cuando la mujer llegó a tomar conciencia de que había estado guardando profundos rencores. La iglesia oró por ella y fue sanada. Ahora se dedica a pintar hermosos cuadros.

Perdónanos nuestras deudas, como también nosotros hemos perdonado a nuestros deudores.

Simon Wiesenthal (1908–2005) fue un sobreviviente judío del Holocausto. Luego de la guerra, dedicó su vida a localizar a nazis acusados de crímenes de guerra y genocidio. Wiesenthal escribió un libro titulado *Los límites del perdón*. En esta obra narra que en una ocasión, cuando era prisionero en un campo de concentración durante la Segunda Guerra Mundial, fue llevado a una habitación donde se encontraba un joven soldado alemán de las SS. Wiesenthal fue dejado solo con el soldado, quien procedió a contarle todos los horrores que él había cometido contra las comunidades judías en el frente ruso. El soldado habló por horas. Al final le preguntó a Wiesenthal, que era judío, si estaría dispuesto a perdonarlo. En el libro le pregunta al lector qué hubiera hecho de haber estado en el lugar de él.

En el tiempo cuando leí aquel libro, la iglesia que pastoreaba tuvo una reunión de la congregación, donde algunos de los presentes manifestaron comentarios injustos e injustificados contra mi persona y mi esposa. Sufrimos mucho dolor y amargura acerca de las cosas que se dijeron y las acusaciones en contra de nosotros. En las semanas posteriores a aquella reunión, se nos hizo muy difícil superar la vergüenza pública a la que habíamos sido sometidos. Incluso empezamos a tomar decisiones que nos llevarían a alejarnos de las mismas personas a las que pastoreábamos. Definitivamente no estábamos considerando el perdón.

Al poco tiempo me reuní con un dirigente cristiano que era mi consejero personal. En la reunión me preguntó de qué asunto quería conversar. Le dije que sobre el libro de Wiesenthal y mi respuesta a la pregunta del libro, así como acerca de una reunión de la iglesia que me había causado dolor. Empecé con mis reflexiones en torno al libro y cerré ese tema diciendo que, si yo hubiera sido Wiesenthal, habría perdonado a aquel joven soldado moribundo. Luego empecé a hablar sobre aquella reunión de la iglesia. Le describí lo injusto de la situación y la manera en que la gente nos había acusado equivocadamente. Mencioné también la humillación pública y que mi esposa y yo estábamos tomando la decisión de guardar distancia con la iglesia donde servíamos.

Mi consejero dijo muy poco durante el tiempo en que yo contaba mis experiencias con el libro y con la congregación. Una vez que terminé, hizo una pausa y sonrió. Me hizo una sola pregunta: «¿No crees que es extraño que estés dispuesto a perdonar a un soldado de las SS por haber cometido genocidio, pero no puedes perdonar a una iglesia por una reunión congregacional?».

Perdónanos nuestras deudas, como también nosotros hemos perdonado a nuestros deudores.

Quizá hayas sufrido injusticias en tu ministerio. Tal vez hayas sufrido dolor y amargura por haber tenido que soportar palabras y actos crueles de parte de otros, pero, pese a ello, has intentado predicar. Presta atención a las palabras de Cristo desde la cruz. Lo que dice trasciende más allá de aquel lugar de la Calavera. Se dirige a su Padre en representación de aquellos a quienes no les importa, no están conscientes o no entienden el dolor que han causado a los demás. El primer paso al camino del perdón y la vida abundante es permitir que las palabras de Jesús sean las primeras que pronuncies, las palabras que le dijo a su Padre, a tu Padre, para que puedas llegar a perdonar profundamente y tengas la certeza de haber recibido el perdón.

Perdónanos nuestras deudas, como también nosotros hemos perdonado a nuestros deudores.

Reflexión

Explora tu corazón a profundidad. ¿Cuáles ofensas son tus luchas? ¿A quién o quiénes te niegas a perdonar?

Oración

Perdónanos nuestras deudas, como también nosotros hemos perdonado a nuestros deudores.

Capítulo 15

Y no nos dejes caer en tentación

Oración para predicadores que deseen mejorar su capacidad de decisión

Lucas 23.44–46

Desde el mediodía y hasta la media tarde toda la tierra quedó sumida en la oscuridad, pues el sol se ocultó. Y la cortina del santuario del templo se rasgó en dos. Entonces Jesús exclamó con fuerza:

—¡Padre, en tus manos encomiendo mi espíritu!

Y al decir esto, expiró.

«Pues el sol se ocultó» (Lc 23.45). Estas palabras expresan con mucha brevedad la oscuridad literal y espiritual que envolvió a Jesús cuando agonizaba.

«Pues el sol se ocultó».

Era el mediodía, y el momento de mayor luz en el día se convirtió en la hora de más oscuridad de toda la historia. Fue como si la creación marchara en reversa. El Dios que dijo «¡Que exista la luz!» (Gn 1.3) se hallaba en la oscuridad. El Dios cuya vida era la luz de la humanidad (Jn 1.4) agonizaba en la oscuridad. El Dios que dijo «Yo soy la luz del mundo» (Jn 8.12) fue retado por la oscuridad. El Dios que sopló el aliento de vida en la humanidad estaba a punto de dar su último aliento. El autor de la vida (Hch 3.15), por quien todas las cosas fueron hechas y lo sostiene todo (Jn 1.10; Col 1.16–17), estaba llegando a su fin. Este breve fragmento de las Escrituras presenta una especie de retroceso de la creación. Por este motivo, la expresión «pues el sol se ocultó» describe una terrible realidad desde varios niveles.

Jesús exclamó con fuerza desde la profundidad de esta oscuridad. Luego de seis horas de un insoportable dolor, uno espera que la persona no pueda ni siquiera susurrar. Sin embargo, con fuerza, cristo denuncia a la oscuridad usando palabras tomadas del salmo 31, en el cual se muestra una situación en la que los enemigos atacan sin piedad a una persona. La persona del salmo 31 se aflige y se queja, sufre de tristeza, dolor, angustia y temor; sin embargo, Dios aparece como el liberador, el que rescata, la roca de refugio y la sólida fortaleza. Cuando lees el salmo 31, notas que el autor oscila entre declarar la fidelidad de Dios y describir el terror y tormento causado por los enemigos. El fragmento que Jesús cita del salmo 31 (Sal 31.4–5) habla de la trampa que han tendido a la persona. Esta trampa amenaza la vida y la fe de la persona; pero, en presencia de esta amenaza, aparece solamente una respuesta: encomendarse a Dios:

> Líbrame de la trampa que me han tendido,
>> porque tú eres mi refugio.
> En tus manos encomiendo mi espíritu;
>> líbrame, Señor, Dios de la verdad. (Sal 31.4–5)

«Líbrame de la trampa que me han tendido» podría redactarse de esta manera: «Y no nos dejes caer en tentación», porque cuando uno atraviesa tiempos difíciles y traumáticos, la tentación de dejar de creer, dejar de orar o dejar de tener esperanzas, es muy real. He visto muchas veces a cristianos que han dejado de creer durante tiempos de sufrimiento o pérdida de un ser querido. La tentación para dejar de confiar en Dios es verdadera y muchos no sospechan de ello hasta que súbitamente se les presenta. ¡Cuánto más deben los predicadores estar alertas a esta tentación!

Caer en esta tentación es como si caminásemos con nuestra propia luz en medio de la oscuridad. En el libro de Isaías hay cuatro partes de las Escrituras denominadas «Los cantos del siervo»,[44] que se refieren a un siervo sufriente, y Jesús es el cumplimiento de estas palabras

---

44 Isaías 42.1–9; 49.1–7; 50.4–11; 52.13–53.12.

proféticas. Uno de los cantos del siervo describe la tentación que la gente enfrenta cuando la oscuridad se le presenta. La tentación consiste en obrar sin incluir a Dios en vez de confiar en él:

> ¿Quién entre ustedes teme al Señor
>> y obedece la voz de su siervo?
> Aunque camine en la oscuridad,
>> y sin un rayo de luz,
> que confíe en el nombre del Señor
>> y dependa de su Dios.
> Pero ustedes que encienden fuegos
>> y preparan antorchas encendidas,
> caminen a la luz de su propio fuego
>> y de las antorchas que han encendido.
> Esto es lo que ustedes recibirán de mi mano:
>> en medio de tormentos quedarán tendidos.
>> (Is 50.10–11)

Allí en la cruz, en aquella oscuridad, Jesús confía en el nombre del Señor y depende de Dios. Exclama con fuerza y, a partir de las Escrituras, llama a su Padre para que lo socorra en ese momento extremo. Su exclamación desde la cruz nos ofrece esperanza en aquellos momentos cuando nos sentimos derrotados. En aquellas circunstancias, cuando creamos que estamos derrotados, cuando la oscuridad sea tremenda y la tentación de poner a Dios a un lado sea abrumadora, prestemos atención al grito de Jesús. La siguiente plegaria es útil para predicadores que se sienten derrotados en el ministerio: «Padre, en tus manos encomiendo mi espíritu».

Presta mucha atención y recuerda el contexto en el que Cristo extrajo estas palabras (Sal 31), para evitar caer en la trampa que te lleve a obrar con infidelidad.

No nos dejes caer en tentación.

Una predicadora escribió acerca de su recordado profesor y su esposa, quienes habían perdido a su único hijo. Ella describió el profundo impacto que el profesor tuvo en su vida y decidió escribir acerca de él: «Desde lo más profundo de su dolor por la pérdida de su hijo, este padre dijo: "La vida cristiana se vive entre dos cosas, entre 'Dios mío, Dios mío, ¿por qué me has abandonado?' y 'Padre, en tus manos encomiendo mi espíritu"'»[45]. La predicadora ofrece luego esta reflexión:

> Así que, por medio de esta palabra de la cruz, Lucas nos enseña cómo morir y cómo vivir. Porque nosotros, por fe, hemos sido incorporados (unidos) a Cristo en su muerte y también hemos sido incorporados a él en su vida, que trasciende la muerte. Hallamos la redención en su sufrimiento. Somos aceptados en su desamparo. Encontramos salvación en su abandono. Y, por último, somos capaces de decir incluso en medio de nuestras dudas y confusiones, *Padre, en tus manos encomiendo mi espíritu,* exactamente como el Señor lo dijo.[46]

El Espíritu y Cristo interceden por nosotros (Ro 8.26–27, 34) en medio de nuestras derrotas y pérdidas de esperanza. Una vez tuve el honor de escuchar a Ajith Fernando (director de juventud para Cristo en Sri Lanka) en una conferencia de pastores. Fernando hizo referencia al ministerio de intercesión del Espíritu Santo en Romanos 8.26–27 y le puso por nombre «el ministerio de gemidos». Mencionó que había gran necesidad de este, pero que no se le promueve lo suficiente. Nos dijo también que «los gemidos son otra opción que tenemos frente a la posibilidad de darnos por vencidos». Yo propongo que cuando oremos «no nos dejes caer en tentación» lo hagamos de acuerdo con los gemidos del Espíritu de Cristo. Cuando lleguen momentos cuando tengas que orar «no nos dejes caer en tentación», recordemos el ministerio que Jesús tiene para nosotros:

> Porque no tenemos un sumo sacerdote incapaz de compadecerse de nuestras debilidades, sino uno que ha sido tentado en todo de la misma manera que nosotros, aunque sin pecado.[16] Así que acerquémonos confiadamente al trono de la gracia para recibir misericordia y hallar la gracia que nos ayude en el momento que más la necesitemos. (Heb 4.15–16)

---

[45] Rutledge, *Seven Last Words,* 77.
[46] Rutledge, 77–78.

Un día, cuando me encontraba en un retiro prolongado, mi situación espiritual era muy triste. Con el paso del tiempo, descubrí que no podía orar. Sentía como si tuviese una gruesa cortina negra delante de mí que no permitía que entrase la luz. Sentía más angustia con el paso de las horas y no podía escapar de aquella situación espiritual. Quise invocar a Dios para que me ayudase, pero no me salían las palabras. Finalmente, al final de la tarde, una plegaria de dos palabras vino a mi mente: *Abba Padre*. Decidí orar estas dos palabras varias veces y, delante de mí en aquella gruesa cortina negra empecé a ver un destello de luz. La luz empezó a inundar mi espíritu. La oscuridad se esfumó. Quedé con un profundo sentido de satisfacción de saber que había logrado salir del estancamiento por la oración del Espíritu Santo y no por la mía.

Recuerdo otra experiencia. Uno de mis mayores deseos en mi vida fue poder peregrinar al campo de concentración nazi de Auschwitz-Birkenau. Quería rendir mis respetos a la memoria de aquellos que sufrieron y murieron en aquel lugar. Finalmente, pude lograr mis sueños y visitarlo. Aquel día era frío y gris, con una niebla que rodeaba el campo todo el día. Me daba la impresión de que hasta el propio clima estaba de luto en este maligno lugar. En el último tramo de la visita, quedé rezagado del grupo que visitaba el antiguo campo de concentraciones. Cuando llegué a uno de los últimos lugares, me encontraba solo. Se trataba de un búnker de concreto con hornos donde se habría cremado a los prisioneros. De pronto, me di cuenta de que aquel lugar era el mismo de la primera foto que vi del Holocausto cuando era niño. Me impactó mucho. Me marché de aquel búnker, pero de inmediato sentí que Dios me impulsaba a regresar y orar. Me parecía que era lo correcto: detenerme en aquel sitio, meditar y rendir mis respetos. Así que regresé al búnker y me paré delante de aquellos hornos. Sin embargo, me di cuenta de que no sentía nada. Se me hizo imposible pensar, sentir, decir algo u orar. Sentí un terrible y profundo vacío. Hubo tan solo oscuridad. Me sentí inmovilizado; pero, de manera misteriosa, sentí que Dios me tenía a su lado y me protegía. Pese a que no podía expresarle mis pensamientos, palabras o sentimientos, sentí que me tenía asido de su mano. En medio de aquel vacío y oscuridad, Dios estaba allí. En aquel momento que no pude orar, logré sentir el poder intercesor de Cristo.

Aunque Mateo y Marcos mencionan que la cortina del templo se rasgó de arriba hacia abajo cuando Jesús exclamó con fuerza (Mt 27.50–51; Mr 15.37–38), solo Lucas ofrece el contenido de dicha exclamación: «¡Padre, en tus manos encomiendo mi espíritu!». Todo el hecho de la crucifixión concluye en este majestuoso momento, que representa el libre acceso al lugar santísimo y a la presencia del Padre, quien responde específicamente a las palabras que Lucas registra. Esto nos deja una visión y una esperanza para aquellos momentos cuando nos enfrentemos a la tentación de darnos por vencidos como predicadores y discípulos. Además, nos deja con el poder y los efectos de las palabras de Jesús cuando nos vemos derrotados y sentimos que carecemos de poder frente a la oscuridad. Dios está con nosotros.

Y no nos dejes caer en tentación; por ello, Padre, en tus manos encomiendo mi espíritu.

Reflexión

En tiempos de oscuridad o derrota o cuando se pierden las esperanzas, ¿con qué tentaciones te enfrentas?

Oración

Y no nos dejes caer en tentación.

Capítulo 16

Sino líbranos del maligno

Oración para predicadores que deseen recibir bendición

Juan 19.30
Al probar Jesús el vinagre, dijo:
—Todo se ha cumplido.
Luego inclinó la cabeza y entregó el espíritu.

Esta exclamación final desde la cruz, «todo se ha cumplido», posee varios sentidos. En primer lugar, anuncia lo obvio: la inminente muerte de Jesús. Sin embargo, si la oímos de esta manera, nos perderemos aquellas palabras de luz en la oscuridad y palabras de vida en la muerte, las cuales no solo marcan el momento de la muerte de Jesús, sino que también anuncian el cumplimiento de su obra en la cruz. Son palabras de un maestro artesano. «Todo se ha cumplido» era una expresión común de todo artesano que llegaba al final de su obra.[47] En este caso, estas palabras las pronuncia el artesano que hizo el mundo y que ahora, por medio de su sacrificio en la cruz, ha creado una vía para que la gente pueda experimentar una nueva creación en medio de un mundo caído.

Las palabras finales de Jesús, «Todo se ha cumplido», anuncian el cumplimiento de la redención.

Sino líbranos del maligno.

En segundo lugar, son palabras intensas que anuncia el golpe mortal que han recibido el pecado, el mal y el reino de la oscuridad.

---

[47] Harris, *Seven Sayings,* 77.

Con aquellas palabras, Jesús proclama que la muerte ha dejado de tener la última palabra. El autor de Hebreos describe el efecto duradero del sacrificio de Jesús en la cruz: «Por tanto, ya que ellos son de carne y hueso, él también compartió esa naturaleza humana para anular, mediante la muerte, al que tiene el dominio de la muerte —es decir, al diablo—, y librar a todos los que por temor a la muerte estaban sometidos a esclavitud durante toda la vida» (Heb 2.14–15).

Las palabras finales de Jesús, «todo se ha cumplido», anuncian el fin de la muerte.

Sino líbranos del maligno.

En tercer lugar, esta exclamación desde la cruz retumba con mucha intensidad. No se trata de palabras que sugieren una actitud de resignación y derrota. Si bien el Evangelio de Juan registra lo que Jesús dijo, los de Mateo y Marcos nos dicen la manera en que lo dijo: un fuerte grito (Mt 27.50; Mr 15.37).

> Dado que, en los momentos finales de su vida, Jesús lanzó un fuerte grito, no debe quedarnos ninguna duda de que se trataba de *un grito de victoria,* no el lamento o queja de alguien que ha sido derrotado. La víctima se ha tornado en el vencedor [...]. Es importante notar que este grito de Jesús en la cruz no fue dirigido a nadie, pero dado que fue un fuerte grito, todos los que estuvieron presentes alrededor de la cruz pudieron oírlo.[48]

Las palabras finales de Jesús, «Todo se ha cumplido», anuncian las buenas nuevas.

Sino líbranos del maligno.

En cuarto lugar, este grito es una bendición. Juan menciona cuatro señales cuando describe este grito desde la cruz:

1. Jesús probó el vinagre.
2. Jesús dijo: «Todo se ha cumplido».
3. Jesús inclinó la cabeza.
4. Jesús entregó el espíritu.

La descripción de Juan nos hace recordar el relato de los evangelios cuando Jesús repartió el pan a las multitudes (Mt 14.9) en la última

---

[48] Harris, *Seven Sayings,* 79. Énfasis en el original.

cena (Mt 26.26) o cuando estaba sentado a la mesa en Emaús (Lc 24.30). Recordamos que Jesús tomó el pan, lo bendijo, lo partió y lo entregó. En la cruz, en los momentos finales, vemos la misma secuencia cuando Jesús se ofrece a sí mismo como el supremo sacrificio.

1. Tomar: recibieron la copa.
2. Bendecir: «Todo se ha cumplido».
3. Partir: inclinó la cabeza.
4. Dar: entregó su espíritu.

Las palabras finales de Jesús, «Todo se ha cumplido», anuncian una bendición.

Sino líbranos del maligno.

Este grito desde la cruz, «Todo se ha cumplido», sigue anunciando el triunfo de Cristo de generación a generación y para cualquier condición en la que te encuentres. Se trata de palabras que proclaman el pleno cumplimiento de la redención y plena libertad del temor a la muerte; son palabras que anuncian las buenas nuevas y la inconmensurable bendición del Salvador. Son palabras que nos aseguran que el sacrificio y la obra de Jesús en la cruz son perfectas y completas. Su fuerte grito, «Todo se ha cumplido», calla aquel susurro del diablo que pretende decirnos que somos nosotros los que estamos arruinados; porque donde hay luz, amor y vida, el maligno pretende traer oscuridad, temor y muerte. Según el grado de éxito que el maligno logré tener con sus planes, nos dejará atrapados en aquella oscura y escalofriante noche, desalentados, sin esperanzas y desilusionados. Sin embargo, desde lo más profundo de aquella oscura noche, lograremos escuchar el grito desde la cruz: «Todo se ha cumplido». Quizá nosotros digamos estas palabras con un significado bastante distinto al de Jesús, porque cuando decimos «Todo se ha cumplido», lo que tenemos en mente es que ya no nos queda más vida por delante, que hemos llegado al final de mi camino. Pero cuando Jesús dice «Todo se ha cumplido», se trata de una victoriosa proclamación que conduce a la vida. Él proclama estas palabras en nuestro nombre y para nuestro beneficio, pero lo hace también para que el maligno escuche. Son palabras que resuenan tan fuerte hoy como en el momento en que Jesús las pronunció en la cruz.

Sino líbranos del maligno.

Una parte del libro de Job nos ayuda a entender el poder de este grito desde la cruz. En el versículo 26 hay un contraste entre el murmullo de Dios y su trueno poderoso. Job empieza describiendo con mucha imaginación el poder del Creador y su conocimiento a lo largo de la creación. Describe la creación y declara que nada está fuera del alcance de Dios y de su participación. Incluso afirma que el sepulcro y la destrucción quedan al descubierto delante de Él (Job 26.6), pues su poder y presencia en la creación es algo maravilloso y al mismo tiempo aterrador. Job culmina con este extraordinario resumen: «¡Y esto es solo una muestra de sus obras, un murmullo que logramos escuchar! ¿Quién podrá comprender su trueno poderoso?» (Job 26.14).

Según Job, la tremenda y aterradora manifestación de Dios en la creación es tan solo un «murmullo» de Él. Se trata de «solo una muestra de sus obras». Es una obra espléndida. Toma en cuenta las más violentas tormentas que hayas presenciado; piensa en la medida de las montañas, las llanuras y los valles; recuerda las noches estrelladas y el tamaño de los océanos. Todo ello es tan solo un murmullo de Dios, tan solo una muestra de sus obras. Luego Job plantea una pregunta: «¿Quién podrá comprender su trueno poderoso?». Dicho de otro modo: ¿qué sucedería si Dios realmente decidiera levantar su tono de voz?, ¿qué ocurriría si Dios decidiera gritar?, ¿cómo sonaría? Sonaría como esto: Todo se ha cumplido. El grito de la redención, de la liberación de la muerte, de las buenas nuevas y de su bendición.

Sino líbranos del maligno.

Si las obras de la creación son tan solo «una muestra de sus obras» y «un murmullo», entonces la esencia de la obra de Dios es la cruz, y el grito de Jesús es «su trueno poderoso». Cuando predicas, no importa cuál sea el tema de tu mensaje, estás manifestando una vez más todo lo que contiene aquel grito, «Todo se ha cumplido». Proclamas la importancia suprema de la obra de Dios y el poder de su voz, que la obra de Cristo en la cruz es perfecta y plenamente completa. Ya sea que prediques las Escrituras o las escuches predicar, hallarás consolación en aquellas palabras de la cruz, porque, tal como ha afirmado un comentarista, «la naturaleza del ser humano lo lleva a pensar que es imposible que la obra de Cristo esté terminada, que es necesario que hagamos más al respecto, que tenemos que suplementarla y ganárnosla».[49] Escucha nuevamente el grito desde la cruz y presta mucha atención a esto: Todo se ha cumplido. Estas palabras nos llevan a la esencia del amor y la redención de Dios.

A los 18 años entregué mi vida a Cristo. En la noche de aquel acto, la pareja que me presentó el evangelio me invitó a que orara «la oración del pecador», la cual consiste en reconocer que necesitas de Dios, pedirle perdón y dedicar tu vida a Él. Pero, cuando llegó el momento en que debía pedirle perdón por mis pecados, le dije a la pareja: «No puedo pedirle a Dios que perdone mis pecados, son muy graves». Ellos respondieron con mucho tino: «Pídeselo de la mejor manera que te sea posible». Así que oré de esta manera: «Señor, perdóname por aquellos pecados que puedas perdonar». Obviamente, ello significó que Dios me perdonaría todos mis pecados, pero en aquel tiempo aún no había llegado a comprenderlo. Unos meses más tarde me desperté una mañana con un terrible pensamiento en la mente: «No eres realmente cristiano porque no oraste "la oración del pecador" de una manera adecuada. No le pediste a Dios de modo correcto que te perdonara. No eres cristiano». Me levanté aquella mañana en un estado de conmoción y a punto de perder las esperanzas. Sentí que todo había «terminado». Salí de la casa y me senté en el patio trasero. Me sentí destrozado. Al poco tiempo de haber estado allí, el padre de familia con quien me hospedaba salió y se sentó a mi lado. Yo estaba callado y no le mencioné nada respecto al terrible incidente que acababa de tener. Luego me dijo: «Déjame decirte que cuando me hice cristiano ni siquiera oré "la oración del pecador"». Lo miré con asombro. Aquellos pensamientos malignos que me habían atacado aquella mañana se esfumaron.

Todo se ha cumplido.

Sino líbranos del maligno.

La gran mayoría de gente atraviesa momentos y temporadas en los cuales el camino que está por delante se ve gris y cubierto de oscuridad. Hay tiempos cuando nos parece que no hay escapatoria de la situación en que estamos, ya sea que aquella situación sea el resultado de nuestro pecado o que no hayamos tenido culpa alguna. Nos sentimos atrapados y, entonces, aquellas palabras «Todo se ha cumplido» nos parecen más el fin que el comienzo. Las decimos como si fuera una

---

49 Rutledge, *Seven Last Words,* 63.

declaración final respecto a nuestra situación, en vez de como una triunfal proclamación, como las dijo Jesús. De hecho, las circunstancias son tan graves que empezamos a creer que aquellas palabras señalan «que nuestro fin ha llegado». Perdemos las esperanzas de poder ser redimidos. Las pronunciamos como si anunciaran la muerte en vez de la vida. Entonces, es en aquel momento cuando más necesitamos prestar atención a estas palabras de la cruz, cuando más requerimos oír a Jesús decir «Todo se ha cumplido», cuando más necesitamos escuchar «su trueno poderoso» (Job 26.14), el grito de la redención, de la liberación de la muerte, de las buenas nuevas y de su bendición.

«Todo se ha cumplido».

Sino líbranos del maligno.

En 1968, un diario británico decidió promover una carrera en yate alrededor del mundo. Los competidores debían navegar solos y podían empezar en cualquier momento entre junio y octubre de ese año. La competencia debía empezar y terminar en Inglaterra. Quien terminara la carrera en el menor tiempo posible, ganaría la competencia y recibiría un gran premio en efectivo. Uno de los competidores era un hombre llamado Donald Crowhurst, que carecía de experiencia para navegar los océanos. Para él, navegar su yate era más un pasatiempo que una profesión. Sin embargo, la tentación por obtener el premio fue muy grande, ya que la empresa de Crowhurst atravesaba por problemas económicos. Así que decidió empezar la carrera el 31 de octubre de 1968, la última fecha permitida.

La historia de Crowhurst es compleja y trágica. Al poco tiempo de entrar en la competencia, su yate empezó a tener problemas mecánicos. Por ello, decidió esperar en aguas del Atlántico sur y desde allí enviaba por la radio informes falsos de su avance. Había tomado la decisión de hacer trampa. Por otro lado, allá en Inglaterra la gente estaba emocionada al oír que Crowhurst navegaba con bastante rapidez y era muy probable que ganase la competencia. Sin embargo, lo cierto era que se encontraba flotando en un solo lugar. Además, había tenido que navegar a Sudamérica para realizar algunas reparaciones a su yate. Cuando la dura realidad de sus mentiras caló hondo en Crowhurst, decidió cambiar. Había decidido volver a la competencia al ver que los demás competidores navegaban de largo por la ubicación donde se encontraba, en dirección a la meta final. Su plan consistía en navegar detrás de ellos y evitar ganar la competencia. Sabía muy bien que si ganaba, los organizadores cotejarían su bitácora de navegación y su mentira quedaría al descubierto. Sin embargo, los demás yates, uno tras otro, empezaron a abandonar la competencia o a hundirse en el camino, aparte de uno que otro que habían logrado llegar a la meta. Todo parecía que Crowhurst ganaría la competencia con el menor tiempo posible. Estaba totalmente envuelto en su propia trampa.

No se sabe exactamente qué le sucedió; pero, aparentemente, la confusión, el remordimiento y la pérdida de esperanza fue cada vez mayor. Su yate vacío fue hallado a la deriva en el Atlántico en julio de 1969. El último registro en su bitácora decía, en parte, lo siguiente: «Soy lo que soy y ahora me doy cuenta de la gravedad de mi error… todo ha terminado, todo ha terminado. Solo me queda la misericordia». Nadie sabe cómo murió. Su esposa asegura que él jamás se habría suicidado. Me impresionan las palabras finales de Crowhurst. Nadie podría asegurar que se inspiró en las palabras de Jesús, pero de hecho menciona a su «gran Dios» en su registro final. Hubo una película acerca de la historia de Crowhurst, *The Mercy* (2017).[50] En una de las escenas finales se alude al grito de Jesús desde la cruz, visto desde la perspectiva de la trágica historia de Donald Crowhurst.

En la película, el público se prepara para el regreso triunfante de Crowhurst. Cuelgan una gran bandera en el muelle, al lado de la meta final. La bandera dice: «Bienvenido a casa, Donald». Pero, cuando llegan las noticias de que su yate ha sido encontrado vacío y no hay señales de Crowhurst, se ve en una de las escenas a dos personas que están por quitar la bandera y, al remover sus dos extremos opuestos, esta cae y parcialmente cubre la primera y la última parte de la frase. La escena se detiene. El mensaje de la bandera ha cambiado de significado y ahora dice «Ven a casa». Me causa impresión que este mensaje ofrezca ahora una invitación más urgente y mucho más amplia. Es una invitación para todos aquellos que han perdido las esperanzas y ven que están en un callejón sin salida. Tenemos ahora un mensaje que comunica perdón y aceptación.

---

[50] Nota del traductor: En español hay dos versiones de la película: *Un océano entre nosotros* (España) y *Un viaje extraordinario* (Hispanoamérica), ambas estrenadas en 2017.

Nuestro Padre celestial anhela decirles a sus hijos, y a toda la creación, «Ven a casa». Sin embargo, debido al pecado y a la maldad, nos extraviamos. Perdemos de vista la esperanza, perdemos de vista a nuestro Padre celestial. Nos encontramos perdidos y nos decimos «Todo ha terminado». La cruz y lo que Jesús mencionó lo cambian todo para siempre. Cuando dijo: «Todo se ha cumplido», lo hizo con un significado y poder infinitamente profundos que convierte esas palabras en una invitación urgente a todos. Jesús ha abierto el camino para que el Padre nos dé la bienvenida a casa. Cuando lo dice, verdaderamente nos libra del maligno.

Reflexión

Da gracias a Dios por su trueno poderoso y su bendición: «Todo se ha cumplido».

Oración

Líbranos del maligno.

El Padrenuestro tal como se oyó en la resurrección de Jesús

Juan 20.11–29; 21.1–23

Capítulo 17

Padre nuestro que estás en el cielo

Oración para predicadores que deseen recibir una revelación

Juan 20.11–18

… pero María se quedó afuera, llorando junto al sepulcro. Mientras lloraba, se inclinó para mirar dentro del sepulcro, y vio a dos ángeles vestidos de blanco, sentados donde había estado el cuerpo de Jesús, uno a la cabecera y otro a los pies.

—¿Por qué lloras, mujer? —le preguntaron los ángeles.

—Es que se han llevado a mi Señor, y no sé dónde lo han puesto —les respondió.

Apenas dijo esto, volvió la mirada y allí vio a Jesús de pie, aunque no sabía que era él. Jesús le dijo:

—¿Por qué lloras, mujer? ¿A quién buscas?

Ella, pensando que se trataba del que cuidaba el huerto, le dijo:

—Señor, si usted se lo ha llevado, dígame dónde lo ha puesto, y yo iré por él.

—María —le dijo Jesús.

Ella se volvió y exclamó:

—¡Raboni! (que en arameo significa: Maestro).

—Suéltame, porque todavía no he vuelto al Padre. Ve más bien a mis hermanos y diles: "Vuelvo a mi Padre, que es Padre de ustedes; a mi Dios, que es Dios de ustedes".

> María Magdalena fue a darles la noticia a los discípulos. «¡He visto al Señor!», exclamaba, y les contaba lo que Él le había dicho.

De entre todos los relatos de la resurrección, este es el que más me atrae y me impresiona. Cuando lo leo, es como si toda la Biblia desembocara en este momento y me sobreviene un silencio, como si el cielo dejara de respirar durante toda esta escena, la cual se concentra en una discípula: María. La manera en que las Escrituras registran lo sucedido manifiesta una ternura y belleza, es íntima y personal. Sin embargo, está al alcance de todos, en especial para aquellos que sufren de alguna carga emocional y buscan recuperar el sentido, o quizá experimentarlo por primera vez, de la resurrección de Jesús. Los hechos empiezan el primer día de la semana, cuando aún era de noche (Jn 20.1). El alba del primer día de la semana empieza a asomarse y con él una revelación.

La devoción de María es conmovedora. Va a ver el sepulcro e, inesperadamente, descubre que la piedra ha sido retirada. Regresa velozmente donde Pedro y Juan para contarles lo sucedido. Ellos corren hacia el sepulcro y confirman lo sucedido; solamente han quedado el sudario y las vendas; el resto está vacío. Entonces, Pedro y Juan se marchan, pero María se queda en el lugar. Permanece al lado de la tumba llorando.

La imagen de esta discípula muestra que aquellos que aman profundamente a alguien, sufren profundamente su muerte. El versículo «pero María se quedó afuera, llorando junto al sepulcro» (Jn 20.11) contiene mucho significado. Su pérdida es inmensa. Su Señor ha muerto y todo parece indicar que se han robado el cuerpo de Jesús. Su aflicción se ha multiplicado. María está confundida y no hay nadie que la ayude. Su tristeza es abrumadora. Su devoción es hermosa.

Sabe que el sepulcro está vacío, pero intenta mirar de nuevo. ¿Acaso ha habido algún cambio?, ¿por qué mirar de nuevo? A veces no importa cuán terrible esté la situación, aún queda la esperanza de que las cosas no sean como parecen ser. María llora y vuelve a mirar dentro del sepulcro. Esta vez hay dos ángeles (Jn 20.11–13). Sin embargo, está tan obsesionada por encontrar a Jesús, que no les teme; ni siquiera se percata de que son ángeles. Solo una cosa le importa: tiene que encontrar el cuerpo de Jesús. La pregunta que le hacen contiene un tono de broma: «¿Por qué lloras, mujer?». ¿Por qué preguntan algo cuya respuesta es obvia? Tan solo podemos imaginarnos a los ángeles tratando de refrenar la tremenda emoción que sienten. En contraste con ello, la respuesta de María manifiesta su desconcertada tristeza. «—Es que se han llevado a mi Señor, y no sé dónde lo han puesto —les respondió» (Jn 20.13). Ella asume que «los que se lo han llevado» son los mismos que lo crucificaron; sin embargo, esta vez «aquellos» no han tenido participación alguna en este suceso.

De pronto, María se voltea y allí se encuentra Jesús, pero ella cree que es el que cuidaba el huerto. Él también le pregunta lo mismo que los ángeles: «—¿Por qué lloras, mujer? ¿A quién buscas?» (Jn 20.15). El alba empieza a aclararse más. María empieza a sospechar que quizá aquella persona es la que se ha llevado el cuerpo del Señor.

Estos hechos de Juan 20 nos hacen recordar la escena de Génesis 3. El ser humano está en el huerto y en problemas, y Dios lo anda buscando: «¿Dónde estás?» (Gn 3.9). Juan 20 invierte la escena de aquel primer huerto en donde el ser humano se escondía y la muerte había llegado. Ahora, por causa de Jesús, aquí en Juan 20, el ser humano no se esconde, sino que busca. Ahora, por causa de cristo, aquí en Juan 20, la muerte no ha tomado el control, sino que la vida es victoriosa. Ahora, aquí en Juan 20, el que cuida el huerto de Génesis 3 está por responder la solicitud de María: «—Señor, si usted se lo ha llevado, dígame dónde lo ha puesto, y yo iré por él» (Jn 20.25).

El alba se aclara.

Lo que sucede a continuación es uno de los momentos más tiernos de las Escrituras, uno de los más íntimos y conmovedores. La respuesta que Jesús está por dar no se le parece a ninguna otra que haya dado antes. Aquella respuesta fue dirigida a María en aquel tiempo y es también para nosotros en el presente. Esta vez la respuesta de Cristo no es la imponente certeza que dio en el lago, cuando los discípulos creyeron que se trataba de un fantasma: «—¡Cálmense! Soy yo. No tengan miedo» (Mt 14.27). En esta oportunidad no fue una firme declaración como la que le dijo a la mujer samaritana junto al pozo, cuando ella le preguntó acerca del Mesías: «—Ese soy yo, el que habla contigo—le dijo Jesús» (Jn 4.26). Todo lo contrario, en esta ocasión es muy distinta y tan solo una palabra: «María».

La Biblia nos dice que ella se volvió hacia él (¿qué habría pasado si se hubiera vuelto en sentido opuesto a Jesús, tratando frenéticamente de seguir buscando su cuerpo?) y exclamó: «¡Raboni!».

Para María y los demás discípulos, los días previos habían sido horribles, traumáticos y dolorosísimos. Su tristeza se agravó debido a que ella creía que unos ladrones se habían robado el cuerpo de Jesús. A estas alturas, se le ha preguntado dos veces por qué llora. De pronto, oye que la llama aquel a quien ella creía haber perdido para siempre. Ha dicho su nombre. En otras partes del relato de la resurrección, hay varios encuentros entre Jesús y sus discípulos. Por ejemplo, Él les reprocha (Lc 24.25–26), les explica las Escrituras (Lc 24.27, 45–49), les invita a que toquen su cuerpo para que se cercioren de que está vivo (Lc 24.39; Jn 20.27), hace un milagro (Jn 21.6), les encarga una tarea (Lc 24.46–47; Jn 21.15–18) y les promete el Espíritu Santo (Lc 24.49). Sin embargo, aquí en Juan 20, Jesús anuncia su resurrección pronunciando el nombre de una discípula: María.

Es así de simple. Es así de íntimo. Es así de precioso. Es así de tierno. Es así de poderoso.

Hay un aspecto importante respecto a los nombres de la Biblia que nos lleva a esta historia de Jesús y María. El hecho de que Él haya pronunciado el nombre de ella nos recuerda un tema perenne en torno a los pueblos y las naciones que Dios conoce y sabe sus nombres: por ejemplo, Moisés (Éx 33.17), Samuel (1S 3.1–10), Israel (Is 43.1), el rey Ciro el persa (Is 45.1) y los apóstoles (Lc 6.12–16). Incluso las estrellas no escapan del atento cuidado de Dios. Él ha nombrado a cada una de ellas:

> Alcen los ojos y miren a los cielos:
> ¿Quién ha creado todo esto?
> El que ordena la multitud de estrellas una por una,
> y llama a cada una por su nombre.
> ¡Es tan grande su poder, y tan poderosa su fuerza,
> que no falta ninguna de ellas! (Is 40.26)

La costumbre que Dios tiene de usar nombres propios continúa hasta el final de la Biblia en el Apocalipsis. Les promete a los discípulos fieles que recibirán un nuevo nombre y que, además, llevarán el nombre del Cordero (Ap 2.17; 3.12; 14.1). Al final de los tiempos, el propio Cristo llevará un nuevo nombre en su victoria final (Ap 19.12–16).

Allí en el sepulcro, en el huerto, María conoce bien aquella costumbre de Dios. Jesús llama a María por su nombre propio y en el nombre del Padre celestial: «—Suéltame, porque todavía no he vuelto al Padre. Ve más bien a mis hermanos y diles: "Vuelvo a mi Padre, que es Padre de ustedes; a mi Dios, que es Dios de ustedes"» (Jn 20.17).

A una hermana (María) se le ha encargado un mensaje para los hermanos (los demás discípulos) acerca de nuestro Padre celestial. El mensaje de la resurrección que Jesús le dio a María contiene el nombre de Dios y un nuevo nombre de familia.

Dios te llama por tu nombre propio. Literalmente te llama a que formes parte de una nueva vida en su nombre.

Padre nuestro que estás en el cielo.

«Vuelvo a mi Padre, que es Padre de ustedes; a mi Dios, que es Dios de ustedes».

Quizá el día de hoy necesitas prestar atención de una nueva manera a este mensaje de resurrección. Necesitas oír que Dios te llama por tu nombre propio y te guía hacia una nueva experiencia de su nombre.

Padre nuestro que estás en el cielo.

Tú eres predicador. Conoces las Escrituras. Conoces la historia de la vida, la muerte y la resurrección de Jesús. Sabes cómo empezó todo y cómo terminó. Vives en este lado de la resurrección. Vives tiempos privilegiados, porque conoces el tiempo y las circunstancias del sufrimiento y la gloria de Cristo (1P 1.11). Vives sabiendo que los profetas del Antiguo Testamento buscaron diligentemente a Jesús y que los ángeles anhelaron ver todo ello (1P 1.10–12). Sin embargo, la vida sucede de ciertas maneras en las que tú también podrías encontrarte en una situación parecida a la de María. Podrías hallarte, por decirlo así, en un sepulcro vacío temprano en la mañana, aún a oscuras, sumido en una profunda tristeza. No has perdido tu devoción a Cristo, pero ya no sientes su presencia. La entrega de tu fe todavía permanece, pero sufres de aflicción, la cual se debe a que recuerdas aquellos tiempos y épocas cuando la vida era más bella y Dios estaba más cerca. Si a tu lado se hubieran aparecido unos ángeles, te habrían preguntado: «¿Por qué lloras?». Te identificas plenamente con las palabras de María: «Es que se han llevado a mi Señor, y no sé dónde lo han puesto». Muchos predicadores atraviesan momentos como estos. En el caso de algunos, podrían ser meses, incluso años.

La pregunta de Jesús no ha dejado de ser muy personal: «¿Por qué lloras? ¿A quién buscas?».

La respuesta de Jesús no ha perdido su potencia, porque te llama con tu nombre propio y te recuerda todo lo que Él ha hecho: «Vuelvo a mi Padre, que es Padre de ustedes; a mi Dios, que es Dios de ustedes».

Jesús te llama por tu nombre propio y en el nombre del Padre.

Padre nuestro que estás en el cielo.

María se acercó al sepulcro en medio de la oscuridad y se marchó de este con la luz de Cristo. Se acercó buscando a Jesús y se marchó con un nuevo mensaje acerca de nuestro Padre que está en el cielo. María no anticipaba la resurrección ni menos su mensaje.

Quizá lo mismo suceda contigo. Quizá no anticipabas que Dios te llamaría por tu nombre propio y que conocerías con mayor profundidad el nombre del Padre celestial. Lo cierto es que la gran mayoría de experiencias en las que Dios irrumpe en nuestras vidas, son inesperadas. ¡Disfruta de ello! Tu día empieza a amanecer.

Padre nuestro que estás en el cielo.

Más tarde, el apóstol Juan escribiría: «¡Fíjense qué gran amor nos ha dado el Padre, que se nos llame hijos de Dios! ¡Y lo somos! El mundo no nos conoce, precisamente porque no lo conoció a él» (1Jn 3.1).

Cuando era joven, la congregación a la que asistía daba la oportunidad a los presentes de que compartieran algunas palabras durante el culto. Cualquiera podía compartir algún mensaje breve, algún testimonio, o comentar algún pasaje bíblico. Una de aquellas personas que siempre aprovechaba la invitación era un hombre bastante mayor. Sin embargo, cada vez que este viejo hombre hablaba, tardaba mucho y no siempre se le entendía lo que decía. Su aspecto y su manera de hablar eran como la de alguien distraído. Con el paso del tiempo, la gente llegó a familiarizarse con su forma de ser y cada vez que este viejo hombre pasaba al frente para hablar, empezaba a reírse en voz baja. En realidad las personas no prestaban atención a lo que les decía y, más bien, pasaban el momento riéndose de él.

Durante un culto en la noche, el viejo hombre una vez más pasó al frente. Como de costumbre, nadie entendía lo que decía y, como de costumbre también, la gente se reía de él. Recuerdo haber sentido vergüenza ajena por aquel viejo hombre. Todo parecía indicar que no estaba consciente de que se burlaban de él, y en un culto religioso. En esta ocasión, hablaba acerca de Juan 20.11–18 y se concentró en el mensaje de Jesús a María. Cuando repetía las palabras de Jesús, nos recalcó las frases «de ustedes» y nos dijo que prestáramos atención a ellas. Entonces empezó a hablar más lento. «Vuelvo a mi Padre, que es Padre *de ustedes*; a mi Dios, que es Dios *de ustedes*». Nos recalcó aquel pasaje y aquellas palabras. Lo hizo con mucho cuidado y despacio. Cuando terminó de leer, un profundo silencio descendió sobre la congregación. Las risas se esfumaron. La gente empezó a prestar atención. Para mí, todo ello fue una revelación. Jamás había escuchado este mensaje desde esta perspectiva. Considerando el silencio de la congregación, no fui el único que fue impactado por el mensaje. Esto aconteció hace muchos años y, sin embargo, aún lo recuerdo como si hubiese sido ayer.

Supongo que, en cierto sentido, todos los presentes en aquel culto cometieron inicialmente el error de creer que aquel mensaje provenía del que cuidaba el huerto. Aquella noche, todos escuchamos nuestros nombres propios. Aquella noche, todos fuimos llamados en el nombre del Padre. Aquella noche, todos presenciamos que el Cristo resucitado había abierto el camino a «mi Padre, que es Padre de ustedes; a mi Dios, que es Dios de ustedes».

Padre nuestro que estás en el cielo.

Reflexión

Quédate quieto y cierra tus ojos. Imagínate que estás en el lugar de María al lado del sepulcro vacío. De pronto, escuchas tu nombre propio.

Oración

Padre nuestro que estás en el cielo.

Santificado sea tu nombre

Oración para predicadores que deseen fe

Juan 20.24-29

Tomás, al que apodaban el Gemelo, y que era uno de los doce, no estaba con los discípulos cuando llegó Jesús. Así que los otros discípulos le dijeron:

—¡Hemos visto al Señor!

—Mientras no vea yo la marca de los clavos en sus manos, y meta mi dedo en las marcas y mi mano en su costado, no lo creeré —repuso Tomás.

Una semana más tarde estaban los discípulos de nuevo en la casa, y Tomás estaba con ellos. Aunque las puertas estaban cerradas, Jesús entró y, poniéndose en medio de ellos, los saludó.

—¡La paz sea con ustedes!

Luego le dijo a Tomás:

—Pon tu dedo aquí y mira mis manos. Acerca tu mano y métela en mi costado. Y no seas incrédulo, sino hombre de fe.

—¡Señor mío y Dios mío! —exclamó Tomás.

—Porque me has visto, has creído —le dijo Jesús—; dichosos los que no han visto y sin embargo creen.

Antes de que analicemos la historia de Tomás y sus fracasos, quizá sea necesario que hagamos una sincera confesión: nosotros los predicadores tendemos a desconfiar de los demás. Creemos en Dios, pero no somos tan prestos a confiar en lo que los demás dicen acerca de Él. Sencillamente no los escuchamos. Una de las razones de ello es que, como predicadores, nos dedicamos todo el tiempo a la oración y el ministerio de la palabra. Obviamente, orar y estudiar las Escrituras es una actividad digna; sin embargo, se transforma en algo malo cuando nos volvemos los amos de la palabra en vez de ser los servidores de ella. Cuando predicamos, estamos en control de la situación. Los oyentes prestan atención a nuestra interpretación de la Biblia. Poco a poco empezamos a sentir que tenemos poder. De pronto, empieza a surgir la tentación de aquella serpiente del huerto del Edén, que nos tienta con el ofrecimiento del poder y de ser iguales a Dios (Gn 3.1–4). Esta tentación la experimentan todos, pero, más aún los pastores y predicadores.[51] Es posible que lleguemos al punto de dejar de escuchar lo que otros dicen acerca de Dios. Podemos volvernos sordos respecto a lo que dicen los demás y nos volvemos desconfiados. Sin embargo, además de la tentación del poder, hay otro posible problema, pues, mientras más estudiemos la Biblia, más nos iremos acostumbrando a su presencia y dejaremos de prestar atención a su mensaje. Nuestro estudio de las Escrituras girará en torno a lo que nosotros tengamos que decir de ellas, en vez de tomar en cuenta lo que ellas nos digan a nosotros. Esto puede llegar a suceder sin que nos demos cuenta; es posible que nos volvamos sordos al mensaje de la Biblia y a la voz de Dios. Nos volvemos desconfiados.

En la historia de Juan 20, Tomás nos representa. Este discípulo es el centro de atención en el relato. Sus amigos llegan con la noticia de que Jesús está vivo, pero Tomás desconfía de ellos. Tiene a mano una lista de dudas que debe aclarar antes de que crea. El asunto clave aquí con él no es tanto que desconfía de Dios, sino que desconfía de la comunidad de creyentes. No duda de Dios; más bien, duda del testimonio de sus amigos respecto a Él. Tomás se ha vuelto un desconfiado.

Además, el asunto del que pide pruebas es espantoso. No se sentirá satisfecho con tan solo ver las llagas de Jesús; quiere también sentirlas y tocarlas. Nos damos cuenta de la gravedad de su incredulidad. Ha

---

[51] Peterson, *Under the Unpredictable Plant*, 12–13.

propuesto algo tan extremo porque piensa que no tendrá que hacerlo. Asimismo, su respuesta a los demás discípulos nos sugiere que los está criticando. Su lista de pruebas es como si les dijera: «¿Por qué ustedes no exigieron mejores pruebas de las que me están presentando? No quiero oír tan solo pruebas; quiero verlas. Debieron haber tenido más criterio».

Para Tomás y los discípulos ha pasado una semana. Tenemos un grupo de discípulos que han visto al Cristo resucitado y uno de ellos se niega a creer. A nadie le gusta que no se le crea lo que dice; supongo que aquella semana en la habitación debieron haberse sentido muy frustrados, desilusionados e indignados. Aquella semana les debió haber parecido una eternidad.

Piensa por un momento respecto a la manera en que escuchas la predicación de los demás. ¿Prestas atención a lo que dicen o a la manera como lo dicen? La gran mayoría de predicadores con los que he hablado de este tema me confiesan que se les hace difícil prestar atención a los sermones de los demás. Se descubren a sí mismos evaluando el sermón en vez de prestar atención a su contenido. Es posible que se hayan vuelto sordos a lo que otros dicen acerca de Dios. En esto se parecen a Tomás: se han vuelto sordos a la voz de Dios.

En una ocasión en que me encontraba en un culto en una iglesia bastante grande en una gran ciudad, mientras más avanzaba la ceremonia, más me sentía decepcionado, pues, en mi opinión, le faltaba bastante contenido bíblico, especialmente al sermón. Yo, allí, lo criticaba todo. Al final de este, el predicador invitó a que pasaran al frente todos los que quisieran entregar sus vidas a Cristo. No podía creer el número de personas que lo hacían. Sentado en mi banca, pensaba para mis adentros: «No sé a quién se están entregando ustedes, porque no escuché que se predicase a Cristo». Estaba exigiendo más pruebas de las que había logrado ver. Yo, allí, era un Tomás. Dudaba del testimonio de mis hermanos y hermanas en Cristo. Me había vuelto sordo y desconfiado.

Unos días más tarde decidí hablar del asunto con un sabio y experimentado consejero cristiano. Me dio esta advertencia: «Ten cuidado cómo juzgas a los demás. El Espíritu Santo tiene el poder de obrar de muchas y sorprendentes maneras».

Santificado sea tu nombre.

En otra ocasión llegué a darme cuenta de que me había vuelto demasiado cómodo con la Biblia y que por ello había dejado de prestar atención a su contenido. En una de mis visitas pastorales fui a ver a un joven que se encontraba en sus días finales por causa de un tumor cerebral. El joven no era cristiano. Durante mi tercera visita, decidí leerle un pasaje de la Biblia. Su madre, que tampoco era cristiana, estaba presente. Leí el pasaje de 1 Corintios 15 respecto a la resurrección del cuerpo y la esperanza en Cristo. Luego de terminar de leer el pasaje, dije: «¿Qué piensan acerca de esto?». La madre, con lágrimas en los ojos, dijo: «¡Son realmente buenas noticias!». A mí me causó una profunda impresión lo que ella dijo y pensé: «Ella tiene toda la razón, son realmente buenas noticias». De alguna manera me había acostumbrado al mensaje y había tratado las buenas noticias como si fuesen pasadas. Me había vuelto sordo y desconfiado. El comentario de aquella madre me sacudió y me hizo volver al poder del evangelio. Aquel día, el joven entregó su vida a Cristo y fue recibido en el reino de Dios. Luego tuve la oportunidad de oficiar su funeral.

Santificado sea tu nombre.

De esto se trata el reto que se nos presenta como predicadores: ¿cuán dispuestos estamos a prestar atención al mensaje de Dios que nos llega por medio de otras personas?

La imagen que tenemos en Juan 20 fácilmente podría usarse en congregaciones y reuniones de creyentes. Se tiene una persona oficiante (por lo general el predicador) y la comunidad de creyentes. Por causa de las razones que hemos compartido al principio de este capítulo, el oficiante puede volverse sordo al mensaje de la Biblia. Puede tener a la mano una lista de pruebas que demuestren que Dios habla por medio de los demás y, en este proceso, perder de vista lo que le está diciendo. La imagen de una reunión con las puertas cerradas (Jn 20.26) nos sugiere una comunidad que se comporta de aquella manera. Si bien anteriormente en Juan 20.19 se nos dice que se reunieron a puertas cerradas por temor a los judíos, esta imagen nos da a entender una espiritualidad que está cerrada. El propósito de tener las puertas cerradas no solo es evitar que entren los de afuera, sino también que salgan los de adentro: no solo es intentar controlar lo que sucede afuera; sino también lo que ocurre adentro. La metáfora de las puertas cerradas nos describe aquel peligroso lugar espiritual donde Tomás está por caer. John Stott comenta al respecto:

El acto de dudar forma parte de nuestra naturaleza humana, es la manera en que Dios nos ha creado. Tomando en cuenta lo que he dicho, quisiera usar el ejemplo de Tomás. Tenemos la tendencia a conmiserarnos por él; sin embargo, Jesús no la tuvo. Más bien, le dijo: «Dichosos los que no han visto y sin embargo creen». Lo que Jesús dio a entender fue que Tomás debió haber creído el testimonio de los demás apóstoles porque él sabía muy bien que eran hombres fiables y que habían afirmado haber visto al Señor. Tomás no tenía ninguna razón para dudar de los demás discípulos. La fe depende del testimonio, de un testimonio confiable y veraz. La pregunta que debemos hacernos es esta: «¿Es el testimonio de los apóstoles en el Nuevo Testamento confiable y veraz?».[52]

Tú, como predicador, ¿estás en el lugar donde Tomás estuvo?, ¿en un lugar donde has dejado de prestar atención al testimonio de los demás y has empezado a exigir pruebas, tus propias pruebas? Entonces, te encuentras en un lugar a puertas cerradas.

Presta atención a esta historia. En lo personal, me preocupa un libro cristiano que anda circulando en el mercado y que afirma de una manera categórica ideas en torno a prestar atención a la voz de Dios. Tengo muchas dudas acerca del método que el autor describe. Incluso me he imaginado lo que le diría si alguna vez me encontrase con él, lo cual lo dudo mucho.

Un día me encontraba viajando en avión en una ruta corta entre dos ciudades en Nueva Zelanda. La mujer de mi lado empezó a conversar conmigo y me preguntó qué había estado haciendo en la ciudad de donde el avión había despegado. Le dije que di cursos de entrenamiento a pastores y entonces me preguntó acerca de mi labor. Supuse que la mujer no era creyente, pero luego le pregunté a qué se dedicaba y me dijo que viajaba mucho, especialmente con su marido. Me comentó: «Es que él ha escrito un libro y, entonces, recibe muchísimas invitaciones para dar charlas en iglesias cristianas». Supongo que a estas alturas ya se puede sospechar hacia dónde se dirige esta historia. «Y… ¿cuál es el nombre del libro?», le dije. Me mencionó el título del mismísimo libro

---

[52] Stott, *Last Word,* 60.

con el que yo había estado teniendo muchos problemas. Me empezó a contar las circunstancias que llevaron a su marido a escribirlo. He aquí mi oportunidad, pensé, pues, si bien la mujer no lo había escrito, era lo más cercano al autor. Se me presentaba ahora delante de mí la oportunidad de expresar mis críticas y dudas, pero me sentí incapaz de hacerlo. En lo profundo de mi ser me preguntaba: «Dios, ¿será que ella se ha sentado a mi lado porque necesita escuchar un mensaje de mi parte?». El vuelo continuaba. De pronto, me di cuenta de mi error. Ella no necesitaba escuchar nada de parte de mí; más bien era yo el que necesitaba escuchar lo que ella me tenía que decir. Y, si bien mis preocupaciones respecto al libro no habían desaparecido, la cortesía que la mujer me demostró produjo en mí un gran reto. El vuelo tardó solamente unos veinte minutos; sin embargo, en tan breve tiempo pude ver la diferencia entre la mujer y yo. Me di cuenta de que mi actitud era insignificante y la de ella era cálida y amigable. Sentí que mi corazón se había cerrado a la posibilidad de que Dios me hablase misericordiosamente y con mucha amplitud. Sentí que estaba en una habitación a puertas cerradas.

Santificado sea tu nombre.

Afortunadamente, Jesús es capaz de oír a través de las puertas cerradas, las cuales puede atravesar de manera muy fácil. En Juan 20, una semana después de que Tomás manifestara sus dudas frente a los demás discípulos, Jesús volvió a aparecer. Le mostró sus heridas a Tomás, le pidió que colocase su dedo en los huecos que dejaron los clavos y que metiera su mano en el costado que cortó la lanza. Jesús recalcó lo dicho: «No seas incrédulo, sino hombre de fe» (Jn 20.27). Jesús no elogió la actitud de Tomás por una señal. Luego le volvió a decir: «—Porque me has visto, has creído [...]; dichosos los que no han visto y sin embargo creen» (Jn 20.29). De esto se trata uno de los mensajes del Evangelio de Juan: creer sin necesidad de ver. Creer sin exigir señales y milagros de prueba. «Una fe superior es aquella que escucha y cree, en vez de aquella que ve y cree».[53] En otra parte, en la Epístola a los Hebreos, se elogia la fe de muchos porque creyeron sin recibir lo que se les prometió (Heb 11.13, 39–40).

Santificado sea tu nombre.

---

[53] Carson, *Gospel According to John*, 100.

Tomás logra abrir la puerta de su corazón cuando afirma: «¡Señor mío y Dios mío!» (Jn 20.28). O dicho de otra manera: «Santificado sea tu nombre». De esto se trata el reto para nosotros los predicadores: rendir honor al nombre de Dios reconociendo la dignidad del testimonio de aquellos que, por medio del Espíritu Santo, han tenido un encuentro con el Cristo resucitado. «Santificado sea tu nombre» significa que Dios no requiere de nuestro permiso para hablar u obrar en la vida de la iglesia.

«Santificado sea tu nombre» significa que es probable que necesitemos revisar nuestra lista de pruebas en torno a si Dios ha hablado u obrado.

«Santificado sea tu nombre» significa que es probable que necesitemos prestar atención en mayor grado y exigir en menor grado.

«Santificado sea tu nombre» significa que debemos confesar «¡Señor mío y Dios mío!» sin necesidad de ver pruebas.

Reflexión

¿Cómo describirías tu corazón, como un lugar a puertas cerradas o un lugar abierto? En vez de exigir pruebas como Tomás, ¿prestas atención a lo que dicen los demás acerca de Dios?

Oración

Santificado sea tu nombre.

Venga tu reino

Oración para predicadores que deseen paz

Juan 20.19-20
Al atardecer de aquel primer día de la semana, estando reunidos los discípulos a puertas cerradas por temor a los judíos, entró Jesús y, poniéndose en medio de ellos, los saludó.

—¡La paz sea con ustedes!

Dicho esto, les mostró las manos y el costado. Al ver al Señor, los discípulos se alegraron.

La noche se aproxima, los discípulos están reunidos con mucho temor, las puertas están cerradas… ahora es el tiempo en el que con mayor urgencia deben orar «venga tu reino». Los componentes de este escenario podrían ser usados, simbólica y literalmente, en nuestras vidas. Todo parece caer en una profunda oscuridad; nuestra comunidad de fe empieza a tener temor y hacemos lo que está a nuestro alcance para sentirnos seguros. También oramos: «venga tu reino». Anhelamos y esperamos con ansias la venida del reino.

Pero ¿cómo cambiaría la situación si nuestras oraciones fuesen respondidas?, ¿qué aspecto tendría la venida del reino de Dios a este mundo?, ¿qué debemos anticipar?

La útil descripción que nos ofrecen los comentaristas bíblicos se refiere al reino que «ya está presente pero todavía no del todo». El reino se encuentra ya entre nosotros («está presente»), pero no en su plenitud («todavía no del todo»). El reino llegará en su plenitud cuando Jesús retorne en gloria; pero ¿cuáles son las señales de que el reino, de cierta manera, «ya está presente»? La historia de la resurrección en Juan 20.19–20 nos ayuda a comprender ello. Las primeras palabras de Juan 20.19 nos describen el contexto en el que predicamos, y expresan la combinación del «ya está presente pero todavía no del todo» en nuestras vidas cada vez que oramos «venga tu reino».

De modo que analicemos con atención aquellas palabras: «Al atardecer de aquel primer día de la semana, estando reunidos los discípulos a puerta cerrada por temor a los judíos [...]» (Jn 20.19). Aquí se describe el escenario del primer domingo de resurrección y también el típico lugar en el que vivimos y predicamos hoy:

«Al atardecer de aquel primer día de la semana [...]».

Esta frase comunica un sentido de anticipación. El versículo anterior a este (Jn 20.18) informa que María Magdalena fue a darle la noticia a los discípulos: «¡He visto al Señor!». Luego les dice lo que Jesús le dijo a ella junto al sepulcro. Pedro y Juan habían visto que este se encontraba vacío (Jn 20.3–8), pero solo María llegó a ver al Cristo resucitado. Los discípulos habían logrado ver y oír muy poco; todavía les quedaba por ver plenamente. Ahora es la tarde de aquel mismo día. Todos se encuentran en un estado de espera, tratando de entender lo que ha sucedido.

Además, las palabras «al atardecer de aquel primer día de la semana» señalan el inicio de una nueva era. Tienen un aire a la manera en que se narran los días de la creación en Génesis 1: «Y vino la noche, y llegó la mañana [...]». Nosotros contamos los días desde la mañana a la noche, pero Dios los cuenta desde la noche a la mañana[54] o, dicho de otra manera, desde la oscuridad hacia la luz, desde la tristeza hacia la alegría, desde la muerte hacia la resurrección. En Juan 20 se ha tomado en cuenta el primer día de la nueva era de la resurrección. Para nosotros, los lectores, esta afirmación aumenta nuestro sentido de espera.

Las primeras palabras continúan con «estando reunidos los discípulos [...]». Esta frase expresa un sentido de camaradería. Esta pequeña comunidad de creyentes ha sufrido una serie de eventos traumáticos. Muchos aspectos de su vida comunal han culminado de

---

54 Meyer, *At the Gates of Dawn,* 101–102.

manera violenta y trágica: Jesús ha sido cruelmente ejecutado, Judas lo ha traicionado y se ha suicidado, Pedro ha negado a Jesús y todos los demás discípulos lo han abandonado. Uno podría pensar que la historia se aproxima a su final, no a su inicio. Pero entonces leemos: «estando reunidos los discípulos»; esta imagen de compañerismo se une al sentido de espera, el cual, junto con la camaradería que goza ese pequeño grupo, y que ha visto la muerte, lo preparan para ser resucitado como comunidad.

El inicio de esta historia continúa: «a puerta cerrada por temor a los judíos [...]».

Un frío temor se añade a aquel sentido de espera y camaradería. Efectivamente, algo maravilloso ha sucedido aquel día. Las historias acerca de Jesús resucitado y el sepulcro vacío ofrecen la promesa de que algo extraordinario está sucediendo; sin embargo, aún permanece la amenaza de parte de aquellos que crucificaron a Cristo. El temor de los discípulos es justificado. Se encontraban en una ciudad donde la turba podría retomar las riendas y ellos serían los siguientes en ser crucificados. El temor agravaba el sentido de espera y camaradería. El atardecer de aquel día sirve como metáfora del temor que ellos sufrían en aquel momento. Los discípulos habían oído algo respecto a la resurrección, pero en aquel momento solo sentían temor. Es probable que hayan sentido cierta consolación por estar juntos, pero fue el temor el que los mantuvo reunidos y a puertas cerradas.

Estos tres elementos: el sentido de espera, la camaradería y el temor, preparan la historia para lo que está por suceder: el encuentro con el Cristo resucitado. Esta mezcla de cualidades no debería sorprendernos. A lo largo de los evangelios, Jesús se encontraba con frecuencia con una gran variedad de motivaciones y respuestas a su ministerio. Incluso contó parábolas que resaltaban dicha variedad de respuestas. Por ejemplo, la del sembrador (Mr 4.1–20), la del hijo pródigo (Lc 15.11–32) y la de los dos hijos (Mt 21.28–32). Esta variedad ha sido resumida por las palabras del padre que quería que Jesús sanara a su hijo (Mr 9.14–29). Cuando Jesús le preguntó al hombre si creía que su hijo podía ser sanado, el padre le respondió: «—¡Sí creo! [...]. ¡Ayúdame en mi poca fe!» (Mr 9.24).

La mezcla del sentido de espera, la camaradería y el temor puede frecuentemente ser la misma experiencia de los predicadores. El sentido de espera lo experimentan durante la preparación del sermón; la camaradería al congregarse con otros creyentes para la predicación; y el temor cuando se presenta cualquier motivo subyacente. Conozco el caso de un predicador que se encontraba en una situación bastante difícil en su iglesia. Con el paso del tiempo, un grupo de miembros de la congregación, que tenían ciertas opiniones ya definidas acerca del pastor, habían decidido oponérsele. Por ello, cada vez que predicaba, se quitaba los lentes para evitar ver a este grupo de miembros que constantemente movían la cabeza en señal de desaprobación.

A veces los predicadores sienten temor porque deben predicar en un ambiente desconocido o debido a que piensan que el contenido del sermón podría suscitar una reacción negativa. Por ello, su experiencia como predicadores y como una comunidad de discípulos puede llegar a reflejar la imagen de Juan 20.19–20. Hay un sentido de espera, camaradería y temor. Aquella descripción que leemos de los discípulos que se encontraban a puertas cerradas resalta aún más la situación. Nuestra fe se compone de relatos de la resurrección, de la necesidad de estar con otros discípulos y de un sinnúmero de temores que nos llevan a reunirnos a puertas cerradas.

Venga tu reino.

Luego de habernos visto en el espejo que nos presenta Juan 20.19, leemos ahora lo siguiente: «Entró Jesús y, poniéndose en medio de ellos, los saludó. —¡La paz sea con ustedes!»

«Venga tu reino» se da a conocer en una habitación a puertas cerradas.

Una habitación a puertas cerradas y llena de temor podría parecernos un lugar insignificante para el reino, pero el poder de este tiende a ser descrito con expresiones diminutas, con cosas pequeñas como una semilla de mostaza o un poco de levadura en la masa (Mt 13.31–33).

Venga tu reino.

Y allí se encuentra Jesús. Él es el cumplimiento de la creciente espera de aquel día; Él es el que da vida a la camaradería de discípulos que se han reunido en su nombre; y Él es quien les da paz en medio de sus temores.

Venga tu reino.

Sin embargo, hay un misterio. Luego de haberles dado el saludo de la paz, Jesús les muestra sus manos y su costado (Jn 20.20). Después de haberles deseado la paz, les muestra su dolor. En la Biblia, las descripciones físicas de la gente no son comunes. Por ejemplo, en las historias del Antiguo Testamento, muy poco se dice acerca de la apariencia física de sus personajes.[55] Por ello, cada vez que la Biblia menciona algún atributo físico, es clave para el relato y el lector debe prestar mucha atención a ello. En Juan 20.20, vemos esta característica de la Biblia. Que se hayan mencionado las manos y el costado de Jesús es tan importante para el lector como lo fue para los discípulos que estaban reunidos aquella noche. Les mostró sus heridas para que comprobaran que era Él mismo el que había sido crucificado y que ahora estaba vivo. Me encanta leer la manera en que, luego de ver las heridas de Jesús, se describe con detalle la reacción de los discípulos: «Al ver al Señor, los discípulos se alegraron». La inclusión de las heridas de Jesús tiene su razón de ser en el relato. El propósito que cumple es confirmar que se trata de Él. El pasaje bíblico no dice: «Al ver las heridas, los discípulos se alegraron». El autor del Evangelio de Juan nos relata este encuentro usando el criterio adecuado. Ha añadido el dolor de la crucifixión para demostrar el milagro de la resurrección. Producto de ello, leemos la alegría que causó haber visto al Señor. Las primeras noticias de María: «¡He visto al Señor!» (Jn 20.18) han finalmente resonado y con ello se ofrece un anticipo de la confesión de Tomás más adelante: «¡Señor mío y Dios mío!».

En aquella situación de espera, camaradería y temor, el saludo de paz que Jesús ofrece incluye también una muestra de dolor que la facilita, lo que, a su vez, abre el camino para que se reconozca con alegría al Señor. Y he aquí el misterio. Frente a la espera, la camaradería y el temor, Jesús replica con la paz, el dolor y la alegría, todo con el propósito de que la gente sea capaz de reconocer la presencia del Señor, todo con el propósito de que «venga tu reino».

---

[55] Tomemos el ejemplo de Sansón. El único atributo físico que deducimos es que tenía el cabello largo (Jue 13.5). También inferimos que era muy fuerte porque realizó grandes actos que requerían mucha fuerza. Sin embargo, si Sansón fue tan fuerte, ¿por qué tuvo Dalila que rogarle que le revelara la razón de su fuerza? (Jue 16.4–17). Su secreto consistía en que había hecho votos de nazareo y por tanto jamás debía cortarse el cabello (Nm 6.1–21; Jue 13.4–5). Así que, aparte de que la Biblia menciona que le arrancaron los ojos, el único atributo que se menciona es su cabello.

En este misterio se encuentra una lección para los predicadores. Como mencionamos anteriormente, el relato de Juan 20.19–20 describe el contexto en el que predicamos. Lugares y gentes en plena espera, camaradería y temor. Cuando prediquemos, inspirados por esta historia y bajo la guía de nuestro Señor, habrá lugar para que mostremos nuestras heridas.

Un dicho de los Padres del desierto (c. 300 d. C.) ofrece esta observación: «Cuando el diablo se disfraza de Cristo, no lleva heridas, porque es demasiado vanidoso para soportarlas».[56] Hay momentos durante el ministerio de predicación en los que es necesario que el predicador muestre sus heridas. Ello requiere que se hable de aquellas experiencias desde una condición de vulnerabilidad; por ejemplo, respecto a ocasiones donde has tenido que crucificar tus debilidades y puedes luego dar fe del poder de la misericordiosa resurrección de Dios en tu vida. Llegar al punto de poder hablar de ello requiere humildad y valentía.

En concreto, estas historias que requieren vulnerabilidad de parte del predicador pueden tener las siguientes formas:[57]

1. Tensión: un testimonio que demuestre que a veces tú también luchas o no estás plenamente seguro de que vives fielmente para Cristo. Un testimonio como este puede cautivar la atención de los oyentes. Por ejemplo, podría ser un testimonio ligado a una oración que no ha sido contestada.

2. Explicación: un testimonio que describe la manera en que la verdad de la Biblia ha causado un impacto en tu vida. Un testimonio como este puede ayudar a la gente a que comprenda el significado de una verdad bíblica. Por ejemplo, podría ser un testimonio en torno a una experiencia del perdón de Dios.

---

[56] Ross, *Silence*, 98.

[57] Hussey y Demond, «Vulnerabilty in Preaching», 8–9. Los autores nos ofrecen una útil ayuda para que los predicadores puedan compartir sus experiencias. Cada opción tiene sus beneficios y peligros. 1. Testimonios de éxito: estos pueden alentar a los demás, pero si se exageran estos testimonios, la gente los verá como inalcanzables. 2. Testimonios de fracasos: la gente se identificará con ellos, pero si el fracaso es un problema actual o si se presentan de una manera demasiado directa, la gente podría dejar de confiar en el predicador. 3. Testimonios de la vida cristiana: estos pueden alentar a la gente y lograr que se identifiquen con ellos, pero si los testimonios no se preparan bien, pueden percibirse como superficiales.

3. Aplicación: un testimonio que muestre la manera en que tú has intentado poner en práctica alguna verdad bíblica en tu vida. Un testimonio como este puede ofrecer ejemplos prácticos acerca de cómo vivir para el evangelio. Por ejemplo, podría ser un testimonio en torno a que has intentado domar tu lengua.

El propósito de mostrar tus heridas es el mismo que el caso que vimos en Juan 20.19–20: para que la gente pueda ver al Señor. Mostrar tus heridas no debe ser usado para que tú seas el centro de atención. Te sorprenderá descubrir la manera en que la gente responde cuando revelas el contenido de tu corazón. Les habrás mostrado que, aunque eres predicador, te enfrentas a los mismos retos que ellos tienen. Les habrás mostrado que has logrado ver al Señor y ello les ayudará a despejar sus dudas.

Venga tu reino.

Mi esposa y yo tenemos una querida amiga que es misionera. Sin embargo, por causa de una larga y difícil situación, agotó todas sus fuerzas y tuvo que volver a su país de origen, pero deshecha. Años más tarde fuimos a visitarla. Disfrutamos de un largo y placentero día con ella. En un principio no estaba seguro de si debía preguntar por su experiencia en el campo misionero; pero, con el paso del día, empezó a compartir su dolor. Nos habló de su pena de no haber podido realizar su ministerio y servir a Cristo. Anhelaba retornar al campo misionero, pero su futuro era incierto. Al llegar la noche, quizá un tiempo parecido al de Juan 20.19, siguió compartiendo el profundo dolor de su alma. Luego dijo: «Me gustaría saber cómo sería tener una vida plena».

La respuesta que le di no fue mía. Lo que hice fue parafrasear Juan 20.19–20: «¿Cómo sería tener una vida plena? Creo que se vería como Jesús, aún con sus heridas en sus manos y en su costado, pero que nos da un mensaje de paz, y que manda a los demás, pese a que están llenos de temor, a que salgan de su habitación a puertas cerradas. Jesús nos habla de paz con sus heridas aún visibles».

Venga tu reino.

Y que logres la paz que proviene de haber visto al Señor.

Reflexión

¿Cuáles áreas vulnerables de tu vida crees tú que podrían manifestar la gracia y la presencia del Cristo resucitado?

Oración

Venga tu reino.

Capítulo 20

Hágase tu voluntad en la tierra como en el cielo

Oración para predicadores que deseen guía

Juan 20.21–23

—¡La paz sea con ustedes! —repitió Jesús—. Como el Padre me envió a mí, así yo los envío a ustedes.

Acto seguido, sopló sobre ellos y les dijo:

—Reciban el Espíritu Santo. A quienes les perdonen sus pecados, les serán perdonados; a quienes no se los perdonen, no les serán perdonados.

En cierto sentido, los sucesos de Juan 20.21–23 se podrían interpretar como tan solo un hecho: un encargo.[58] Jesús da a saber que les ha entregado un encargo a los discípulos y, por esto, sopla sobre ellos y luego les dice: «Reciban el Espíritu Santo». Sería de mucho provecho que bajemos la velocidad al leer este pasaje de la Biblia. Es provechoso que nos demos cuenta de los distintos componentes del relato. Vemos el gran impacto que ha causado la resurrección de Jesús.

Lo dicho y hecho por Jesús tiene tres elementos: enviar, soplar y recibir. Cuando los observamos por separado, vemos que todo gira en

---

[58] Nota del traductor: Tenemos aquí en el original en inglés la famosa palabrita *commissioning,* que goza de tanto arraigo en la variedad dialectal evangélica, «comisión», cuyo obvio origen se debe a la avasalladora influencia del inglés en el mundo protestante hispánico desde mayormente finales del siglo diecinueve.

torno al soplo de Jesús sobre los discípulos. Este acto se ubica en el cruce entre su encargo («yo los envío a ustedes») y su don («reciban el Espíritu Santo»). Dicho de otra manera, recibimos el aliento de vida en el momento entre lo que Dios nos pide hacer y el poder que nos da para hacerlo. El soplo de Jesús sobre los discípulos es como un eje entre el encargo y el don. Todo gira en torno a este acontecimiento divino.

Hágase tu voluntad en la tierra como en el cielo.

Jesús exhaló su último aliento de vida en la cruz (Mr 15.37; Lc 23.46) y ahora sopla su aliento de vida sobre la comunidad de discípulos. «Este acto nos recuerda el poder creador del Espíritu»,[59] nos hace recordar el gran momento de la creación, cuando Adán recibió el aliento de vida (Gn 2.7). Nos recuerda el gran momento de la creación, cuando en la visión que tuvo Ezequiel, el aliento de vida descendió sobre los huesos secos en aquel valle (Ez 37.1–14). Ahora, luego del caos y las tinieblas de la cruz, el aliento de vida aparece una vez más. Tenemos delante de nosotros un nuevo evento creativo.

Así como Adán recibió el aliento de vida, este nuevo acto creativo es igual de íntimo. Esta proximidad íntima la podemos ver en el hecho de que el Padre, el Hijo y el Espíritu Santo están presentes con los discípulos. Jesús les da un encargo y les informa que ha sido el Padre el que lo ha enviado y es el Espíritu Santo el que vendrá luego de Él. El llamado que reciben los discípulos consiste en una vida rodeada por la presencia del Padre, el Hijo y el Espíritu Santo. Me encanta la manera en que un comentarista bíblico describe aquella vida: «[esta vida es] para la gloria de Dios, para ser moldeados según la imagen del Hijo, y por medio del poder del Espíritu».[60] Jesús envía a los discípulos con un encargo y para ello les da el Espíritu, el soplo de vida que llena sus vidas.

Sin embargo, no solo pronuncia y sopla palabras que se relacionan con un encargo y un don; estas también confrontan a sus discípulos y les advierten lo que vendrá. Luego de que sopla el Espíritu Santo sobre sus discípulos en Juan 20.23, lo que Jesús les dice parece ser muy duro: «A quienes les perdonen sus pecados, les serán perdonados; a quienes no se los perdonen, no les serán perdonados». Estas palabras describen las cualidades de la predicación del evangelio. Algunos responderán posi-

---

[59] Gine y Cherian, «John», 1446.
[60] Fee, *God's Empowering Presence,* 902.

tivamente al mensaje, otros lo rechazarán. La parábola del sembrador (Mr 4.1–20) nos brinda una imagen muy clara de esta realidad.

Pero Jesús envía a sus apóstoles a tierras desconocidas y lo hace de una manera muy peculiar. No importa que sean los discípulos de Juan 20 o los del siglo XXI, Cristo los envía con una cualidad muy específica: «como el Padre me envió a mí, así yo los envío a ustedes» (Jn 20.21).

Hágase tu voluntad en la tierra como en el cielo.

En Juan 5.19, Jesús explicó lo que significaba para Él haber sido enviado por el Padre y dijo que había hecho tan solo lo que le vio hacer a este. Siguiendo este precedente, hemos sido enviados a descubrir lo que Dios hace en cualquier situación y a imitarlo. En el huerto de Getsemaní, Jesús rogó al Padre exactamente por lo mismo para todos los discípulos: «Padre, quiero que los que me has dado estén conmigo donde yo estoy. Que vean mi gloria, la gloria que me has dado porque me amaste desde antes de la creación del mundo» (Jn 17.24).

¿En qué se parece la oración de Jesús en Juan 17 con tus oraciones cuando predicas? Una oración típica de los predicadores es la siguiente: «Señor, acompáñame en esta predicación». Sin embargo, en Getsemaní Jesús rogó justamente lo contrario: rogó que los discípulos estuvieran con Él donde Él se encontraba.

En calidad de predicador, se te ha encargado preparar tu sermón. Luego se te ha encomendado ir y predicarlo. ¿Habría cambio alguno si preparases tu sermón y luego lo predicases teniendo en mente la oración de Jesús?: «Padre, quiero que los que me has dado estén conmigo donde yo estoy. Que vean mi gloria [...]». Lograr ello sería como tener la experiencia de haber sido enviado de la misma manera en que el Padre envió a Jesús: ir a lugares y descubrir lo que Dios ya está haciendo.

Hágase tu voluntad en la tierra como en el cielo.

Siempre recibo borradores de sermones de parte de predicadores que me piden que les sugiera cambios y les dé mi opinión respecto a su contenido. Luego de ofrecerles mis sugerencias, a menudo les digo lo siguiente: «Este sermón no necesita que se prepare más, ya revela lo suficiente», pues, pese a que todavía tiene vacíos, ya ha terminado su preparación. Lo consideró así porque esos vacíos no se pueden llenar preparando más el sermón. Solamente pueden llenarse con la obra y la presencia de Dios durante el acto de predicación. Como predicadores que somos, es imposible predecir qué aspecto tendrá el sermón y qué fruto producirá; Dios sigue siendo soberano, pues se trata de su palabra, no de la nuestra. Él va delante de ti. Tu tarea consiste en predicar su mensaje en aquel lugar particular y discernir lo que ya está haciendo allí. Dios va delante de ti. De esto justamente se trata una de las características de la resurrección de Jesús: a los que llegaron primero al sepulcro se les dijo que Cristo había resucitado y que él se les había adelantado a Galilea. Para verlo de nuevo, debían ir a donde estuvo (Mt 28.7; Mr 16.7; Lc 24.6). Este mensaje de resurrección vale la pena recibirlo como predicadores cada vez que tengamos que predicar. Al hacerlo, recibiremos poder por medio del soplo de vida y así seremos enviados tal como el Padre envió a Jesús.

Hágase tu voluntad en la tierra como en el cielo.

El pastor y autor de varios libros, Eugene Peterson, nos ha dejado un buen ejemplo respecto a la manera en que ha llevado a cabo su ministerio. Cada vez que viajaba como pastor, llevaba esta expectativa en mente: «Alguien se me ha adelantado. El Cristo resucitado ha llegado antes que yo. El Cristo resucitado ya está en aquel salón. Debo preguntarme, ¿qué hace?, ¿qué dice?, ¿qué sucede?».[61] Por ejemplo, Peterson nos comparte que cuando tiene que visitar a alguien que está internado en el hospital, recita el mensaje: «Ha resucitado [...] y va delante de ustedes al Hospital Central. Allí lo verán».[62]

Me encontraba viajando al sur asiático para un taller de predicadores, lo cual me causaba algo de ansiedad. Era la primera vez que viajaba solo a esta parte del mundo, a un lugar en el que nunca había estado, y fue la primera vez que pasé por un monzón. Así que, tomando el ejemplo de Peterson, decidí orar en cada etapa del viaje de esta manera: «Ha resucitado [...] y va delante de mí. Allí lo veré». La razón de esta oración fue que si Jesús hacía lo que el Padre estaba haciendo, yo debía hacer lo que Jesús estaba haciendo.

Al llegar al lugar donde se llevaría a cabo el taller de entrenamiento, me impresionó que estuviésemos rodeados de una gruesa selva y empinadas laderas. Un día, durante nuestro tiempo de refrigerio y descanso, fui a visitar las afueras del centro de entrenamiento. Había un sendero que se adentraba en la selva y descendía hacia una quebrada.

---

61 Peterson, *Under the Unpredictable Plant*, 127–128.
62 Peterson, 127.

Me encontré con dos participantes que estaban sentados en una banca de cemento al lado del sendero. Se me acercaron y me dijeron que valía la pena descender la quebrada y disfrutar del paisaje. Sin embargo, ya era tiempo de retornar al centro de entrenamiento y, entonces, decidí volver al siguiente día. Así lo hice; a la hora del refrigerio, me dirigí hacia aquel sendero. No había nadie en aquel lugar. Justo cuando llegaba a la banca donde me había encontrado con las otras dos personas, me fijé en que había otro sendero que se desviaba hacia la izquierda. Decidí ir por este camino. Caminé una corta distancia a través de la selva y advertí que había algo que no podía ver bien por lo grueso de los árboles. Llegué a un claro y allí, labrado en uno de los lados de la colina se veía una tumba, de tamaño real. Al lado de ella había una gran piedra con una inscripción que decía: «¡Aleluya! ¡Ha resucitado!». A la entrada de la tumba se veía una imagen del Cristo resucitado.

Para este predicador que sufría de ansiedad, este símbolo fue abrumador y poderoso. En aquel lugar, de una manera tangible, Dios me estaba mostrando una realidad espiritual. Se me había adelantado y me estaba esperando.

Cada vez que se te envíe a estudiar las Escrituras para tu sermón, Cristo se te ha adelantado y te está esperando.

Cada vez que se te envíe para predicar un sermón, Cristo se te ha adelantado y te está esperando.

Sucede así todas las veces.

Ruego a Dios que recibas el soplo de vida mientras prepares tu sermón y lo prediques.

Ruego a Dios que tengas gozo mientras obedeces el mandato de Jesús, que te ha enviado a predicar, y que logres ver que se cumple aquella oración «hágase tu voluntad en la tierra como en el cielo».

Reflexión

Recibe el aliento de vida. ¿A qué destinos crees que Dios te está enviando? ¿Causa alguna diferencia en tu vida si estás consciente de que Dios se te ha adelantado y te espera en aquel lugar?

Oración

Hágase tu voluntad en la tierra como en el cielo.

Danos hoy nuestro pan cotidiano

Oración para predicadores que deseen refrescar sus almas

Juan 21.1–14

Después de esto Jesús se apareció de nuevo a sus discípulos, junto al lago de Tiberíades. Sucedió de esta manera: Estaban juntos Simón Pedro, Tomás (al que apodaban el Gemelo), Natanael, el de Caná de Galilea, los hijos de Zebedeo, y otros dos discípulos.

—Me voy a pescar —dijo Simón Pedro.

—Nos vamos contigo —contestaron ellos.

Salieron, pues, de allí y se embarcaron, pero esa noche no pescaron nada.

Al despuntar el alba Jesús se hizo presente en la orilla, pero los discípulos no se dieron cuenta de que era él.

—Muchachos, ¿no tienen algo de comer? —les preguntó Jesús.

—No —respondieron ellos.

—Tiren la red a la derecha de la barca, y pescarán algo.

Así lo hicieron, y era tal la cantidad de pescados que ya no podían sacar la red.

—¡Es el Señor! —dijo a Pedro el discípulo a quien Jesús amaba.

Tan pronto como Simón Pedro le oyó decir: «Es el Señor», se puso la ropa, pues estaba semidesnudo, y se tiró al agua. Los otros discípulos lo siguieron en la barca, arrastrando la red llena de pescados, pues estaban a escasos cien metros de la orilla. Al desembarcar, vieron unas brasas con un pescado encima, y un pan.

—Traigan algunos de los pescados que acaban de sacar —les dijo Jesús.

Simón Pedro subió a bordo y arrastró hasta la orilla la red, la cual estaba llena de pescados de buen tamaño. Eran ciento cincuenta y tres, pero a pesar de ser tantos la red no se rompió.

—Vengan a desayunar —les dijo Jesús.

Ninguno de los discípulos se atrevía a preguntarle: «¿Quién eres tú?», porque sabían que era el Señor. Jesús se acercó, tomó el pan y se lo dio a ellos, e hizo lo mismo con el pescado. Esta fue la tercera vez que Jesús se apareció a sus discípulos después de haber resucitado.

Esta historia empieza al revés, como si fuera el final. Se trata de la historia de Simón Pedro cuando atravesaba por un momento en el que se sentía vacío.

Simón Pedro le dice a los otros seis discípulos que se encontraban presentes: «—Me voy a pescar […]» (Jn 21.3). Es como si Pedro hubiese dicho:

Me voy a pescar. Me regreso a hacer lo que ya sé hacer. Los últimos tres años han sido años que han superado toda mi imaginación. El Mesías me llamó para que lo siguiera y logré ver los milagros y las maravillas que hizo. Le escuché enseñar cosas maravillosas y lo hizo con gran autoridad. Lo vi sufrir una brutal muerte y vi algo que a nadie jamás se le hubiese ocurrido: a Cristo resucitado. También he visto mi propio fracaso. Cuando tuve que hacer frente a las acusaciones de que yo conocía a Jesús, aquella noche que fue apresado, fui incapaz de decir que sí lo conocía. Tres veces lo negué, a pesar de que le había prometido a Jesús que jamás le fallaría. Me da la impresión de que todo ha terminado ahora y que también todo ha terminado para mí. No

> veo ningún futuro para mí entre los discípulos de Jesús. Por lo menos no como solían ser las cosas. Así que, me marcho a hacer lo que siempre he hecho. Me voy a pescar.

Así que, el inicio de este relato pareciera señalar su final.

En el caso de Pedro y otros como él, que se sienten vacíos: danos hoy nuestro pan cotidiano.

Hay predicadores que, por distintas razones, llegan a un punto en el que ya no pueden seguir predicando. Han sido testigos de la presencia de Dios por medio de la predicación y han visto los frutos de sus ministerios. Sin embargo, las cosas ya no son las mismas de antes. Se sienten vacíos.

Danos hoy nuestro pan cotidiano.

Un escritor nos ha ofrecido cuatro razones por las que alguien llega a abandonar el ministerio de pastor.[63] Estas se pueden referir a predicadores que lo hacen con frecuencia como pastores o también como miembros de la iglesia.

Las cuatro razones son las siguientes:

1. Una falla moral, que por lo general se relaciona con algún pecado sexual o con asuntos de dinero.
2. Un evento trágico, ya sea por causa de alguna tragedia personal o por tragedias que afectan a los demás.
3. Un prolongado desgaste. Se trata de los efectos causados por situaciones lentas y prolongadas que desgastan y agotan a la persona.
4. Un agotamiento final. Hay muchas razones por las que una persona llega a alcanzar el agotamiento final. Sean cuales fueren las razones, la persona alcanza un punto en el que ya no puede superarlo o ya le es imposible funcionar de una manera saludable.

Los primeros dos (una falla moral y un evento trágico) son, por lo general, obvios. Los efectos o las consecuencias de estas dos razones se podrían identificar con facilidad en tu vida. No será necesario que alguien se dé cuenta de estos dos elementos. Tú los advertirás con

---

[63] Briggs, *Fail,* 44–47.

mucha facilidad. Los otros dos (un prolongado desgaste y un agotamiento final) no son tan fáciles de identificar, en especial cuando recién empiezan. Es poco probable que puedas identificar fácilmente estas dos situaciones en tu vida. Será necesario que otros se den cuenta de ello: no advertirás los efectos con facilidad.

Una vez tuve la experiencia de pasar por una combinación de un prolongado desgaste y un agotamiento final. Luego de haber pastoreado una iglesia por quince años, tuve que enfrentar una tremenda crisis que surgió en la congregación. Me di cuenta de que me encontraba sumido en una gran tensión nerviosa, pero no me hallaba consciente del tremendo desgaste que estaba causando en mí, pese a que uno de mis consejeros cristianos con el que me reunía con frecuencia, escribió a la congregación una carta en la que les expresaba mucha preocupación por mí. Mi fracaso también consistía en no haber podido reconocer la tensión nerviosa por la que me encontraba atravesando, pese a que la taquicardia que sufría no me dejaba dormir con tranquilidad.

Luego de varios meses sufriendo esta crisis, tuve que viajar a otra ciudad para participar como orador en una conferencia. Mis amigos se quedaron estupefactos al ver mi aspecto al llegar a la conferencia. Inmediatamente se reunieron conmigo y oraron por mí. Yo no estaba plenamente consciente por qué estaban tan preocupados; sin embargo, llegué a darme cuenta de que me hallaba en aprietos gracias a que Dios había permitido que tuviese unas conversaciones muy directas durante la conferencia. Llamé por teléfono a mi esposa Ruth y le dije que cuando llegase de regreso a casa, teníamos que hablar seriamente de este asunto y tomar decisiones urgentes. Dos días más tarde, llegué a casa y le conté lo que había descubierto acerca de mi persona: que no me sentía bien y que debía tomar ciertas decisiones. Ruth me dijo: «Me alegra que me hayas dicho esto, porque yo ya he hecho algo al respecto». Me sentí algo confundido por su respuesta. «¿Has hecho algo al respecto?», le dije.

Me explicó que, semanas antes, ella ya se había dado cuenta de ciertos síntomas en mi vida y que ya se había comunicado con varios predicadores de la ciudad para que predicasen los domingos. ¡No tendría que predicar durante los próximos tres meses! Me quedé mudo. «Pero —le increpé—, ¡no puedes hacer eso!». Ella me respondió: «¿Qué me habías estado diciendo respecto a que necesitabas hacer algo? Yo ya lo hice». Así que durante los siguientes tres meses no tuve que predicar. Tan solo dirigía los cultos y otra persona predicaba.

Me preocupaba que a la directiva de la iglesia o a alguien más de la congregación no le gustaran los cambios y se quejara; sin embargo, ni un alma se quejó. Si no hubiese habido una intervención divina por medio de otras personas, yo habría estado muy cerca de dejar de predicar por mucho más tiempo o, tal vez, para siempre. Estuve vacío.

Danos hoy nuestro pan cotidiano.

En el caso de aquellos predicadores que se sienten vacíos y añoran la intervención de Dios, el caso de Pedro ofrece un ejemplo de lo que Dios puede hacer. En esta escena, para agravar su vacío existencial, cuando aquella noche el discípulo retorna a su antiguo oficio junto con los demás, no logra pescar ni un solo pez (Jn 21.3). Para responder a aquel vacío, hacia el final del relato aparece una sencilla respuesta de Jesús: «Vengan a desayunar» (Jn 21.12). La esencia de este relato es la invitación a compartir alimentos.

Danos hoy nuestro pan cotidiano.

Jesús alimenta física y espiritualmente a Pedro y los discípulos. Al hacerlo, los capacita para seguir con la aventura en Cristo. Los alimenta por medio de sucesos que traen a la memoria hechos de los últimos tres años. El propósito de ello es reavivar la memoria de estas almas cansadas.

Jesús les ordena que tiren las redes una vez más (Jn 21.6). Con ello les hace recordar su primer encuentro con Pedro en Lucas 5.1–11 y lo que ocurrió en el mar de Galilea cuando habían estado pescando toda la noche sin éxito alguno y Cristo le dijo a Pedro que lanzara las redes una vez más (Jn 21) y los discípulos se sorprendieron por el tamaño de la pesca.

En Juan 21.11 se dice que la pesca fue de ciento cincuenta y tres peces de gran tamaño, pero que sorprendentemente las redes no se rompen. Cuando el mismo milagro sucede en Lucas 5.6, se narra que las redes se rompen y que las barcas empiezan a hundirse. Quizá el hecho de que en el milagro en Juan 21.6 las redes no se rompan sea un mensaje de que a Pedro le irá bien esta vez.

Danos hoy nuestro pan cotidiano.

En la escena de la pesca milagrosa, «—¡Es el Señor!», le dice a Pedro «el discípulo a quien Jesús amaba» (Jn 21.7). Pedro se viste e inmediatamente se tira al agua para ir a donde Jesús. Esto aparece como contraste con la pesca milagrosa de Lucas 5, cuando Pedro cayó de rodillas ante Jesús y le pidió que se alejase de él por ser un pecador (Lc 5.8).

Danos hoy nuestro pan cotidiano.

Y así continua el relato, que contiene varios hechos que bien pudieron haber servido de recordatorios para los que estaban presentes. Los que se sentían vacíos, ahora estaban siendo sostenidos por la presencia, las obras y las palabras de Jesús.

Leemos que había una fogata (Jn 21.9), como la de aquel patio donde Pedro negó a Jesús (Lc 22.55). También que había pescados y pan (Jn 21.13), que bien pudieron haber traído al recuerdo de los discípulos aquellos momentos en los que Jesús alimentó a miles con la misma comida (Jn 6.1–15). Leemos que Jesús tomó el pan y se lo dio a los discípulos (Jn 21.13), que bien pudo recordarles los actos de Jesús en la última cena (Mt 26.26).

Leemos el comentario: «Ninguno de los discípulos se atrevía a preguntarle: "¿quién eres tú?", porque sabían que era el Señor» (Jn 21.12). Quizá es un reflejo de aquella gran pregunta y aquellas respuestas que sucedieron en Cesarea de Filipo, cuando Jesús preguntó: «¿Quién dice la gente que soy yo?» (Mr 8.27–30).

El famoso rabino del siglo xx, Abraham Joshua Heschel, comenta que el Antiguo Testamento se puede resumir en una sola palabra: *recuerda.* La misma observación es válida para el Nuevo Testamento y nuestra fe cristiana.[64] Nuestro sustento espiritual proviene de aquellos recuerdos y memorias.

Danos hoy nuestro pan cotidiano.

Una vez asistí a una conferencia bíblica en la que el orador principal era Tom Wright.[65] Durante una de sus charlas, dijo algo que no estaba en

---

[64] Por ejemplo, cada vez que celebramos la santa cena, participamos en un recordatorio. «Yo recibí del Señor lo mismo que les transmití a ustedes: Que el Señor Jesús, la noche en que fue traicionado, tomó pan, y, después de dar gracias, lo partió y dijo: "Este pan es mi cuerpo, que por ustedes entrego; hagan esto en memoria de mí". De la misma manera, después de cenar, tomó la copa y dijo: "Esta copa es el nuevo pacto en mi sangre; hagan esto, cada vez que beban de ella, en memoria de mí"» (1Co 11.23–25).

[65] Tom Wright (N. T. Wright) es un reconocido erudito y teólogo del Nuevo Testamento. Es obispo anglicano jubilado y autor de muchos libros y comentarios de la Biblia.

sus notas. Fue como si un pensamiento le viniera súbitamente y habló de ello con mucha pasión. De hecho, es la única cosa que recuerdo de toda la conferencia.

Lo que nos dijo fue lo siguiente: «Ustedes tienen que proclamar la historia de Jesús. Cada semana, en los cultos, deben proclamar la historia de Jesús, porque la gente se olvida. Así que cada semana deben seguir proclamando la historia de Jesús». Algo parecido sucede en Juan 21. Los discípulos están atravesando por un momento existencial de vacío y entonces se les recuerda la historia de Dios. Se les recuerda el lugar que ocupan en dicha historia. Se les da el sustento espiritual por medio de recordatorios y ejercicios de memoria.

Por cierto, ¿no es acaso esto el acto de predicar, es decir, ayudar a la gente a que recuerde y haga memoria de las maravillas de Dios? ¿No es acaso esto el acto de predicar, resaltar los emblemas de la fe y señalar los hitos a lo largo del camino? ¿No es acaso esto el acto de predicar, capacitar a la gente para que logre tener un encuentro con Dios y, al hacerlo, reciba su sustento diario, su pan diario?

Sin embargo, para lograr predicar de esta manera, Jesús invita a todos aquellos predicadores que se sienten vacíos y están a punto de abandonarlo todo e irse a pescar: «Vengan a desayunar».

¿Qué está tratando de recordarte Dios? Él quiere darte el sustento diario.

Danos hoy nuestro pan cotidiano.

Reflexión

¿Qué quiere Dios que recuerdes de tus primeros días como discípulo?

Oración

Danos hoy nuestro pan cotidiano.

Perdónanos nuestras deudas, como también nosotros hemos perdonado a nuestros deudores

Oración para predicadores que deseen bondad

Juan 21.15–17

Cuando terminaron de desayunar, Jesús le preguntó a Simón Pedro:

—Simón, hijo de Juan, ¿me amas más que estos?

—Sí, Señor, tú sabes que te quiero —contestó Pedro.

—Apacienta mis corderos —le dijo Jesús.

Y volvió a preguntarle:

—Simón, hijo de Juan, ¿me amas?

—Sí, Señor, tú sabes que te quiero.

—Cuida de mis ovejas.

Por tercera vez Jesús le preguntó:

—Simón, hijo de Juan, ¿me quieres?

A Pedro le dolió que por tercera vez Jesús le hubiera preguntado: «¿Me quieres?» Así que le dijo:

—Señor, tú lo sabes todo; tú sabes que te quiero.

—Apacienta mis ovejas —le dijo Jesús—.

Se ha dicho que no llegamos a estar satisfechos hasta que logramos demostrar que la otra persona está bastante equivocada. Si bien no les sucede a todos en toda ocasión, sospecho que le ocurre a la mayoría en algunas ocasiones. Nos sucede especialmente cuando hemos sido objeto de alguna injusticia. Nuestro sentido de justicia pide pruebas de que la otra persona reconoce su agravio. Claro que hay lugar para confesar el agravio o la ofensa que una persona ha cometido (p. ej., Stg 5.16; 1Jn 1.9). Sin embargo, cuando esta ha llegado a la plena convicción de su error, ¿cuánto más debemos exigirle?

Perdónanos nuestras deudas, como también nosotros hemos perdonado a nuestros deudores.

La actitud con la cual recibimos perdón es tan importante como la causa por la que se nos perdona. Uno de los más imponentes ejemplos de ello es la figura del padre en la parábola del hijo pródigo (Lc 15.11–32), quien decide regresar a casa y piensa en lo que le va a decir. Se ha propuesto reconocer su pecado. Intentará negociar con él para que lo reciba de vuelta en casa; le dirá que no merece ser llamado hijo suyo y que por ello será tan solo un sirviente. Sin embargo, cuando se aproxima a la casa de su padre, este logra verlo a la distancia y, lleno de compasión, corre para darle el encuentro. El hijo, entonces, empieza a confesarle lo que tenía ya preparado, pero su padre lo interrumpe. Más bien, lo restituye y lo viste con ropas adecuadas.

Lo más impresionante de todo este relato es *la manera* en que el padre perdona a su hijo. No le hace recordar los pecados cometidos o le exige una detallada explicación de ellos. Leemos acerca de la misma clase de perdón en el relato de Juan 21.15–17. Se podría decir que en este caso es plenamente justificable que alguien que ha sido agraviado le recuerde a quien lo agravió todas las ofensas cometidas. Pero Jesús no lo hace, más bien actúa con la misma bondad que la que demostró tener el padre del hijo pródigo.

Estamos bastante familiarizados con el trasfondo de aquella historia. La noche en que Jesús fue arrestado, Pedro le dijo que estaba preparado para morir por él. Cristo predice lo contrario: le dice que al amanecer, cuando cante el gallo, lo habrá negado tres veces. Los cuatro evangelios registran este desgarrador hecho.[66]

Tenemos ahora, en Juan 21.15–17, al pecador y al Salvador juntos otra vez. Juan escribe que se trata de la tercera vez que Jesús resucitado ha aparecido a sus discípulos (Jn 21.14). Me preguntó cómo se habrá

---

[66] Mt 26.31–35, 69–75; Mr 14.27–31, 66–72; Lc 22.31–34, 54–62; Jn 13.36–38; 18.15–18, 25–27.

sentido Pedro en las dos anteriores ocasiones. Me pregunto si le tenía pavor a la posibilidad de que Jesús mencionara su traición o si quería que dijera algo al respecto tan solo para superar el «malentendido». Cristo muestra un equilibrio perfecto entre ambas opciones. La manera en que ofrece su perdón contiene mucha bondad.

Perdónanos nuestras deudas, como también nosotros hemos perdonado a nuestros deudores.

Los comentaristas bíblicos mencionan que las tres preguntas que Jesús le formula a Pedro anulan sus tres negaciones. Sin embargo, este se ofende cuando le pregunta por tercera vez si lo ama (Jn 21.17). Las cirugías son dolorosas, incluso bajo las manos de un bondadoso cirujano. Las dos primeras respuestas de Pedro contienen las palabras «tú sabes que te quiero» y la tercera «tú lo sabes todo». En efecto, Jesús «lo sabe todo»; no solo predijo la negación de Pedro, sino también su restitución, pero no se sabe si este se acordó de las palabras sobre aquella. La noche en que Jesús fue arrestado, le dijo a Pedro: «Simón, Simón, mira que Satanás ha pedido zarandearlos a ustedes como si fueran trigo. Pero yo he orado por ti, para que no falle tu fe. Y tú, cuando te hayas vuelto a mí, fortalece a tus hermanos» (Lc 22.31–32).

Pedro fue zarandeado y la oración de Jesús se cumplió. La fe de Pedro no falló, pues aún seguía creyendo en Cristo. Había enmendado su error. Ahora era tiempo de fortalecer a los demás o, como lo dijo Jesús, de «apacentar sus corderos», «cuidar de sus ovejas», «apacentar sus ovejas».

Perdónanos nuestras deudas, como también nosotros hemos perdonado a nuestros deudores.

Así como en la historia de Juan 21, quizá tengas asuntos que no quieras conversar con Jesús. Sabes que Él lo ve y lo sabe todo; sin embargo, no estás seguro de si podrías soportar una conversación sobre este asunto. Los recuerdos te producen mucha vergüenza; te sientes atrapado entre jamás volver a tocar el tema y la necesidad de abordarlo y superarlo. Quizá, como el hijo pródigo, has practicado lo que le vas a decir a Jesús cuando le pidas que te perdone; tal vez, como el hijo pródigo, has decidido negociar con Dios respecto a volver de regreso a casa.

La situación de Pedro en Juan 21.15–17 es más común de lo que sospechamos o creemos. La gente siente una carga pesada por algún error obvio, pero hablar de ello sería como revivir la experiencia. Hablar del asunto sería como correr el riesgo de que este te vuelva a dominar; por ello, la gente trata de sepultar sus errores y pecados.

Hace unos años asistí a un centro de retiro ubicado en una zona boscosa en una ciudad de más de un millón de habitantes. La persona que lo dirigía me dijo que quería que yo me levantase temprano en la mañana para ver el amanecer. Escogí el día, pero cuando me levanté me di cuenta de que me quedaba poco tiempo para verlo. Felizmente, el centro estaba rodeado de árboles altos y tan solo era necesario que manejase unos diez minutos para llegar a la cima de una colina para ver el naciente sol sobre el horizonte. Me apresuré a manejar a la colina y, cuando llegaba al lugar, el horizonte empezó a cambiar de color. El cielo se tornó rojo, como si estuviese molesto. Salí del coche y me quedé contemplando el paisaje. Había llegado justo a tiempo, pero no estaba preparado para lo que iría a experimentar luego.

Delante y debajo de mí se veía una ciudad en expansión. Cuando el sol empezó a salir, su luz comenzó a iluminar la ciudad. Cubría poco a poco los edificios, las casas y las calles; sin embargo, lo impresionante no fue tanto la vista, sino los sonidos. Fue el canto de los gallos. Mientras el sol iba iluminando las sombras de la ciudad, donde caía la luz, los gallos cantaban. Fue impresionante. Yo no había relacionado esta clase de ciudad con los gallos. En aquel momento sentí que Dios me hablaba. De inmediato me vino a la mente aquella terrible noche cuando Pedro escuchó el canto de un gallo. En este caso sucedía el mismo principio. Las personas se despertaban con el canto de los gallos, que, con burla, les recordaban sus errores. Sentí que Dios les decía que se estaban levantando ante su diario recordatorio de sus promesas incumplidas y sus traiciones, incluso contra Dios mismo. Se levantaban a vivir otro día más de recuerdos de lo que habían hecho; a vivir otro día más sin paz en sus corazones.

Perdónanos nuestras deudas, como también nosotros hemos perdonado a nuestros deudores.

En Juan 21.15–17, somos testigos de la bondad de Dios, la cual está llena de dulzura, generosidad y misericordia. Justo lo necesario para aquellos que son torturados por pecados y errores del pasado, y que dudan de si podrán hablar de ello alguna vez. Esos recuerdos los agobian con susurros incesantes en sus almas, las cuales necesitan desesperadamente un encuentro con la bondad de Dios, a la que se llega por medio de aquella profunda oración: «Perdónanos nuestras deudas, como también nosotros hemos perdonado a nuestros deudores».

Estas palabras son especialmente adecuadas para quienes predican las Escrituras y no están seguros de si podrán tolerar una conversación con Dios acerca de aquel error secreto que los gallos les recuerdan cada vez que cantan, pero que necesitan tener un encuentro con la bondad de Dios, un encuentro con «Perdónanos nuestras deudas, como también nosotros hemos perdonado a nuestros deudores».

Luego de tres años en el ministerio pastoral, tomé la decisión de participar en un retiro de silencio que duraría siete días. Nunca había participado en un retiro de este tipo, aunque de cierto modo mi alma lo deseaba. La rutina diaria consistía en la oración y la lectura en silencio, excepto por reuniones de una hora con el director del retiro con el propósito de discernir la voluntad de Dios. En el momento de asistir, no me encontraba en una óptima situación espiritual. Había estado trabajando incansablemente y me sentía vacío. Mi vida de oración dejaba mucho que desear. Al acercarse el tiempo del retiro, estaba seguro de tan solo una cosa: de lo que Dios me diría. Sabía que cuando estuviese en silencio y oración, me hablaría acerca de mi falta de oración. Estaba muy seguro de ello; sin embargo. de una forma extraña, tenía pavor y al mismo tiempo lo anhelaba. Así que, a manera de preparación, decidí orar lo siguiente: «Señor, sé lo que me vas a decir. Solo te pido que sea breve para que no sienta tanto dolor». Tenía el dilema de no querer hablar del asunto y estar consciente de que era necesario hacerlo.

Cuando el retiro empezó, al primer día, tal como lo había anticipado, Dios me habló. Sin embargo, lo que no esperaba era lo que me dijo. Usó un pasaje bíblico para decirme que me amaba. No me lo esperaba. Le agradecí por su amor, pero esperé su reproche por la falta de oración en mi ministerio. Pasó un par de días. Por medio de más oración, lecturas y conversaciones con el director del retiro, Dios me volvió a repetir lo dicho en un principio. Me volvió a decir que me amaba. Pasaron más días y con pavor esperé el inevitable reto respecto a la falta de oración en mi ministerio. Jamás llegó. Más bien, vez tras vez, Dios me volvió a reiterar su amor por mí. Estaba sorprendido. Sé lo que *yo* le habría dicho a alguien como *yo* si *yo* hubiera sido Dios, pero afortunadamente no soy Él. Así que, con el paso de los días, el mensaje del amor de Dios se fue profundizando y expandiendo. Jamás me habló acerca de mi falta de oración; solo me dijo que me amaba. ¿Se preguntan cuál fue el resultado? Descubrí que desde ese momento estaba orando cada vez más.

Perdónanos nuestras deudas, como también nosotros hemos perdonado a nuestros deudores.

Reflexión

¿Qué conversación crees que Jesús quiere tener contigo para que te muestre la bondad de su perdón?

Oración

Perdónanos nuestras deudas, como también nosotros hemos perdonado a nuestros deudores.

Y no nos dejes caer en tentación

Oración para predicadores que deseen perseverancia

Juan 21.18–19
De veras te aseguro que cuando eras más joven te vestías tú mismo e ibas adonde querías; pero, cuando seas viejo, extenderás las manos y otro te vestirá y te llevará adonde no quieras ir.

Esto dijo Jesús para dar a entender la clase de muerte con que Pedro glorificaría a Dios. Después de eso añadió:
—¡Sígueme!

Pedro es único entre los demás discípulos. Si bien Jesús predijo asuntos generales concernientes al futuro de los otros once (por ejemplo, la traición de Judas y el fracaso de todos los demás cuando Jesús fue arrestado), sus predicciones en torno a Pedro son específicas.

Jesús predijo que Pedro le sería desleal. No solo que lo negaría, sino también que lo haría tres veces y antes del amanecer. Aquí, en Juan 21, predice su fidelidad y la manera en que morirá para la gloria de Dios.

Sus predicciones acerca de la fidelidad de Pedro las da a conocer justo después de que lo restituyera por haberle sido desleal (Jn 21.15–17). Pedro se encuentra en una encrucijada, y las palabras de Jesús en Juan 21.18–19 lo demuestran. Esas palabras son claras pero contienen cierto misterio. Pedro se encuentra en una etapa de su vida en la que Cristo le hace recordar cuando el discípulo era joven, y también le señala el futuro, cuando será viejo. Le recuerda el pasado, cuando Pedro tenía las riendas de su vida, y le señala el futuro, cuando ya no tendrá el control de su vida. Estas palabras de Jesús causan que el apóstol tome conciencia de que se encuentra en una encrucijada, entre la vida del pasado y la que tiene por delante.

Hay una frase del mensaje de Jesús que es clave para la predicción: «extenderás las manos» (Jn 21.18). En tiempos de Cristo, esta frase se refería a la crucifixión. Juan, el autor de este evangelio, quiere asegurarse de que el lector lo entienda. Por ello, escribe lo siguiente: «Esto dijo Jesús para dar a entender la clase de muerte con que Pedro glorificaría a Dios» (Jn 21.19). Luego culmina su predicción reafirmando su llamado a Pedro: «¡Sígueme!» (Jn 21.19).

Según su forma más sencilla y directa, estos versículos nos comunican una verdad espiritual tanto a Pedro como a nosotros los lectores modernos: si vives el camino de la cruz, sufrirás y luego verás la gloria. No hay otro camino. Para ayudarnos a entender este mensaje, podríamos explicarlo según nuestro contexto moderno. Reconocerás otras partes de la Biblia en esta paráfrasis:

> Hubo un tiempo cuando tú decidías lo que querías hacer y adónde querías ir. Pero te llamé para que te negaras a ti mismo, tomaras tu cruz y me siguieras. En este mundo tendrás aflicción. Pero ¡anímate! Yo he vencido al mundo. Yo seré tu guía y mientras maduras en la fe, yo creceré y tú menguarás. Y así glorificarás a tu Padre celestial.

Los predicadores deben prestar mucha atención a esto. Si se vive o se predica de una manera contraria a esto, se corre el riesgo de comunicar una especie de discipulado contrario a las Escrituras.

Sufrir y luego la gloria.

Este patrón de vida se ve con claridad en la vida de Jesús. Le dijo a los dos discípulos en el camino a Emaús: «—¡Qué torpes son ustedes […] y qué tardos de corazón para creer todo lo que han dicho los profetas! ¿Acaso no tenía que sufrir el Cristo estas cosas antes de entrar en su gloria?» (Lc 24.25–26). Lo vemos aparecer como un tema constante en la vida y escritos de Pablo. Por ejemplo, «Y, si somos hijos, somos herederos; herederos de Dios y coherederos con Cristo, pues, si ahora sufrimos con él, también tendremos parte con él en su gloria» (Ro 8.17).

La tentación es querer mantener el control de nuestras vidas. Una de las maneras más comunes de caer en esta tentación es oponernos a cualquier sugerencia que nos haga sufrir o atravesar dificultades por causa del evangelio. La tentación consiste en querer obtener la gloria sin tener que sufrir. No es ninguna casualidad que Satanás haya usado esta tentación contra Jesús en el desierto (Lc 4.5–7). Y no es fortuito que a los predicadores se los tiente de esta misma manera. El ministerio de la predicación ocupa un lugar prominente entre el pueblo de Dios y se espera que el pueblo preste atención cuando predicamos. Si no nos protegemos a nosotros mismos, este ministerio terminará sugiriéndonos ideas de gloria en vez de sufrimiento.

Y no nos dejes caer en tentación.

Las predicciones que Jesús le dijo a Pedro se cumplieron unos treinta años más tarde. Durante el gobierno del emperador Nerón en el 64 d. C., el apóstol sufrió la muerte de un mártir. Uno de los legados que nos dejó fue su mensaje contenido en 1 y 2 Pedro. En aquellas cartas leemos que vivió una vida fiel a su Señor, tal como Jesús le había dicho en Juan 21. En particular, vemos que se tomó muy a pecho aquel mensaje de que el patrón del discipulado cristiano es el sufrimiento y luego la gloria.

En sus dos cartas escribe a los cristianos que se encuentran bajo tremenda presión y persecución. Al final de su primera carta se dirige a los ancianos de la iglesia. Notemos el patrón del sufrimiento y luego la gloria:

> A los ancianos que están entre ustedes, yo, que soy anciano como ellos, testigo de los sufrimientos de Cristo y partícipe con ellos de la gloria que se ha de revelar, les ruego esto: [2] cuiden como pastores el rebaño de Dios que está a su cargo, no por obligación ni por ambición de dinero, sino con afán de servir, como Dios quiere. [3] No sean tiranos con los que están a su cuidado, sino sean ejemplos para el rebaño. [4] Así, cuando aparezca el Pastor supremo, ustedes recibirán la inmarcesible corona de gloria. (1P 5.1–4)

Luego, en su segunda carta, empieza exhortando a la iglesia a que crezcan en el conocimiento de Cristo y que eviten caer. Luego Pedro demuestra que jamás pudo olvidarse de las palabras de Jesús a orillas del mar de Galilea. Luego de haber exhortado a sus lectores para que vivan rectamente delante de Dios, Pedro menciona su muerte:

> Por eso siempre les recordaré estas cosas, por más que las sepan y estén afianzados en la verdad que ahora tienen. Además, considero que tengo la obligación de refrescarles la memoria mientras viva en esta habitación pasajera que es mi cuerpo; porque sé que dentro de poco tendré que abandonarlo, según me lo ha manifestado nuestro Señor Jesucristo. También me esforzaré con empeño para que aun después de mi partida ustedes puedan recordar estas cosas en todo tiempo. (2P 1.12–15)

Estas palabras reflejan la actitud de alguien que está satisfecho por la manera en que Jesús lo guía, aunque se dirija hacia su muerte. Reflejan la actitud de alguien que aprendió a no caer en la tentación de rechazar el modelo del discipulado cristiano, es decir, el sufrimiento y luego la gloria.

Como pastor que eres, trata de determinar si has cedido a la tentación de rechazar aquel modelo del sufrimiento y luego la gloria. Evalúa tus más recientes diez o quince sermones; ¿qué tema resalta más? Si tus oyentes tuviesen que guiar sus vidas según estos sermones, ¿qué aspecto tendría su discipulado? Si el apóstol Pedro tuviese que escuchar tus sermones, ¿qué te diría respecto a tu manera de abordar el tema del sufrimiento y la gloria? ¿Viviría según el evangelio que predicas?

En la ciudad donde prediqué por varios años, hubo un pastor que sirvió a su iglesia por más de treinta años. Un día me dijo: «Luego de siete años lograrás ver el resultado de tu predicación». Se refería a un ministerio, semana tras semana, en la misma congregación. Este pastor creía que luego de siete años uno recién llega a ver los frutos de su trabajo. Pude confirmar que esto era cierto. En Juan 1.17 se nos dice que la gracia y la verdad nos han llegado por medio de Jesucristo. Luego de siete años me di cuenta de que mi predicación enfatizaba la gracia, no la gracia y la verdad. Mi predicación requería ambos elementos. Pude ver los efectos en el discipulado de algunas personas a las que había predicado. Por ello, necesitaba realizar cambios.

¿Qué clase de discípulos está formando tu predicación en relación con el sufrimiento y la gloria? ¿Qué clase de ejemplo has mostrado frente a aquellos que ven tu vida? ¿Crees que ellos se darán cuenta de aquel modelo de discipulado: el sufrimiento y la gloria?

Y no nos dejes caer en tentación.

Se me viene a la mente una persona que ha logrado demostrar aquella clase de discipulado. Sucedió en un evento de Langham en un país del sur asiático. Una noche, mientras orábamos los unos por los otros, uno de los participantes pidió una oración por un problema por el cual atravesaba en aquellos momentos. Esta persona, que era creyente y natural de la región, había servido como misionero en una zona difícil de su país. Nos contó esta historia.

Se había encontrado con una mujer que no era cristiana, sino creyente en otra religión. Sufría de una dolencia que le había drenado toda la energía y no tenía fuerzas ni siquiera para levantar un peso insignificante. El participante nos contó que oró por ella y fue sanada de una manera milagrosa. Como resultado, la mujer se entregó a Cristo. Su marido formaba parte del ejército y, en aquel tiempo, había sido destacado a una región lejos de casa. Este hombre tenía un aspecto muy fornido y también gozaba de mucho poder en su pueblo. Cuando regresó a casa, descubrió que su esposa ya no sufría de aquella enfermedad y que ahora era cristiana. El hombre la tomó de los cabellos, la subió al techo de la casa, desde donde la lanzó hacia abajo al lugar en el que se ubicaba el ídolo de la casa, y le ordenó: «¡Maldice el nombre de Cristo!». Ella le respondió: «¡No puedo! Él me ha sanado». Entonces, la encerró en una habitación bajo llave y se propuso matar al misionero. El participante nos contaba esta historia con mucha tranquilidad y humildad. No nos estaba pidiendo que orásemos por él, sino por la vida de aquel hombre y de aquella mujer de la historia. Otro participante que se hallaba escuchando el relato se percató de mi cara de asombro. Sucede que quienes provenían de aquel país escuchaban la historia sin ningún asombro, ya que para ellos era algo común. El participante sencillamente me comentó: «La región donde este misionero trabaja se conoce como "el cementerio de los misioneros". Es un lugar donde se sufre mucho rechazo».

Unos meses más tarde, regresé al mismo lugar para otra conferencia de Langham y le pregunté al misionero si el marido de la historia anterior, que lo había amenazado de muerte, había intentado cumplir sus intenciones. Me dijo que «todavía no». Me explicó que seguió amenazándolo, así que decidió visitarlo en persona. Al llegar a la casa, el padre de la mujer que había sido sanada lo estaba esperando y lo recibió con grandes honores, de manera espléndida. Este hombre manifestó un profundo agradecimiento por la sanidad de su hija. El marido de la mujer no estaba en la casa y tampoco se apareció. El misionero, mostrando compasión, les dijo que seguía orando por la conversión de este hombre y que anhelaba la oportunidad de llevarlo a los pies de Cristo. Me sorprendió escuchar su humildad y, al mismo tiempo, su valentía. Tenía delante de mí a un predicador y discípulo que demostraba tener el patrón del discipulado que Pedro describió a orillas del mar de Galilea.

Días después, el misionero envió un correo electrónico a un grupo de nosotros para compartirnos que los cristianos de su región se hallaban atravesando por un tiempo de persecución, que las iglesias eran quemadas y que a sus pastores los golpeaban en los cultos de domingo. Uno de sus amigos que había sido golpeado severamente tardó tres meses en recuperarse. El misionero nos pedía que orásemos por ellos, ya que tenían planeado realizar una marcha pacífica en respuesta a los ataques. Yo, que jamás he tenido que pasar por esta persecución, no salía de mi asombro por la fe que este misionero demostraba tener. Mi admiración aumentó cuando uno de los destinatarios de aquel correo electrónico respondió al grupo: «Demos gracias a Dios porque es seguro que de esta persecución saldrá un "Pablo de Tarso"».

El sufrimiento y luego la gloria.

Y no nos dejes caer en la tentación de creer que es la gloria sin el sufrimiento.

Reflexión

¿De qué maneras crees que buscas la gloria y evitas sufrir por el evangelio?

Oración

Y no nos dejes caer en tentación.

Sino líbranos del maligno

Oración para predicadores que deseen la visión de Dios

Juan 21.20–23

Al volverse, Pedro vio que los seguía el discípulo a quien Jesús amaba, el mismo que en la cena se había reclinado sobre Jesús y le había dicho: «Señor, ¿quién es el que va a traicionarte?» Al verlo, Pedro preguntó:

—Señor, ¿y este, qué?

—Si quiero que él permanezca vivo hasta que yo vuelva, ¿a ti qué? Tú sígueme nomás.

Por este motivo corrió entre los hermanos el rumor de que aquel discípulo no moriría. Pero Jesús no dijo que no moriría, sino solamente: «Si quiero que él permanezca vivo hasta que yo vuelva, ¿a ti qué?».

La manera predilecta de culminar una historia es arribando a un punto de reposo y resolución. Los recovecos y las tensiones que aparecían anteriormente en el relato son resueltos. Todo finalmente llega a su descanso. ¿Cuánto más debería suceder así con los evangelios? Luego de los eventos en torno al ministerio, sufrimiento y crucifixión de Jesús, cuán adecuado es dar fin a la historia con su resurrección y ascensión, cuán adecuado es terminar con la presencia del Cristo resucitado, con las noticias frescas y la promesa de lo que Dios hará a continuación.

Mateo concluye su evangelio en una montaña, donde Jesús amplifica el llamado a sus discípulos (Mt 28.16–20). Ingresamos a esta escena sabiendo que formaremos parte de ella en lo que viene a continuación.

Marcos cierra su evangelio con las hermosas palabras de un ángel sentado junto al sepulcro vacío. Su mensaje es tierno, emocionante, increíble y reconfortante (Mr 16.6–8). Aun así, las mujeres quedan desconcertadas y con temor. Nosotros, los lectores modernos, sonreímos porque sabemos lo que sucederá luego.

Lucas culmina su evangelio con la promesa de que vendrá el poder desde lo alto, la ascensión de Jesús y la alegre adoración que le rindieron los discípulos (Lc 24.45–53). El lector se une a esta alegría porque sabe lo que vendrá luego.

Solo nos queda el Evangelio de Juan. En contraste con los demás evangelios, Juan culmina el suyo de una forma un poco desordenada. Al leer el relato, sentimos el deseo de zafarnos de este porque sabemos muy bien que somos propensos a repetir lo que se narra a continuación.

Juan escribe acerca de un rumor que ha estado circulando entre los creyentes: que él seguirá con vida hasta que Jesús regrese, y describe el hecho que generó aquel rumor. A primera vista, parece que se trata tan solo de un evento bochornoso para Pedro.

Este acababa de recibir el encargo de cuidar el rebaño de Jesús, se le dio consejos acerca de su futuro y recibió el llamado de seguir a Cristo (Jn 21.15–19). Hasta el momento todo marchaba bien, pero Pedro se percató de que Juan los estaba siguiendo. Así que preguntó: «—Señor, ¿y este, qué?» (Jn 21.21). Jesús le dio una respuesta muy directa: «—Si quiero que él permanezca vivo hasta que yo vuelva, ¿a ti qué? Tú sígueme nomás» (Jn 21.22). Se trató de un reproche. La mayoría de nosotros fácilmente cometeríamos el mismo error de Pedro y le haríamos a Jesús la misma pregunta: «Señor, ¿y este, qué?». Y es probable que recibiríamos el mismo reproche y nos encogeríamos de miedo ante él. «La respuesta de Jesús fue una reprimenda contra Pedro y todos los demás discípulos».[67]

Sin embargo, este relato es más que tan solo una pregunta equivocada; en realidad trata de la amenaza del mal. Prestemos atención a la manera en que se ha escrito este pasaje bíblico: «Al volverse, Pedro vio que los seguía el discípulo a quien Jesús amaba, el mismo que en la

---

[67] Gine y Cherian, «John», 1448.

cena se había reclinado sobre Jesús y le había dicho: "Señor, ¿quién es el que va a traicionarte?". Al verlo, Pedro preguntó: —Señor, ¿y este, qué?»

Lo que sorprende es que Juan se haya acordado de lo que sucedió en la última cena. Cuando Jesús dijo que uno de los doce lo traicionaría, Pedro le pidió a Juan que le preguntara a Cristo a quién se refería (Jn 13.23–25). Sabemos quién fue el traidor; pero, de entre todos los hechos de la vida de Jesús, ¿por qué Juan se acuerda de este en particular y lo registra en Juan 21? ¿Qué lo llevó a usar la terminología de traición a estas alturas? ¿Será que Juan nos está sugiriendo que la traición puede volverse a repetir?

En la última cena, Pedro y Juan colaboraron para preguntarle a Jesús quién sería el que lo traicionaría; pero esta vez nos da la impresión de que se oponen el uno al otro. En la última cena pudo haber sido cualquiera de los doce; pero esta vez es solo uno de los dos. En la última cena, Juan estaba muy consciente de la influencia de Satanás (Jn 13.26–27): «Tan pronto como Judas tomó el pan, Satanás entró en él. —Lo que vas a hacer, hazlo pronto —le dijo Jesús» (Jn 13.27). Juan nos resume el mal visible e invisible usando cuatro palabras: «Ya era de noche» (Jn 13.30). Las tinieblas habían descendido en aquel día fatídico y en el corazón de una persona. Pero en Juan 21, el Cristo resucitado habla, llama y dirige; la luz de la resurrección nos llama con señas; Pedro oye, obedece y sigue, pero la noche del maligno vuelve a amenazar todo.

Sino líbranos del maligno.

Este pasaje de las Escrituras, que aparece al final del Evangelio de Juan, nos muestra que este incidente juega un papel muy importante. Este hecho logró impactar en la comunidad de creyentes. Las actitudes con las que conversamos con otros respectos a terceros no están libres de repercusiones.

Sino líbranos del maligno.

Por lo general, la presencia de Satanás no se percibe a simple vista; sin embargo, en última instancia se vuelve obvia. Cuando Satanás logra posicionarse en algún lugar, estorba nuestra respuesta a los propósitos de Dios. Cuando la iglesia deja que surjan rumores en su seno, estos acarrean semillas de confusión y riñas.

Sino líbranos del maligno.

Luego de haber pastoreado una iglesia por diecisiete años, en mi sermón final mencioné que dejaba la congregación con el arrepentimiento de no haber podido hacer una cosa. Me pesaba no haber podido reconocer a tiempo la labor del maligno entre la congregación. Si quieres darte cuenta a tiempo respecto a la presencia del mal en la comunidad, presta atención a las vidas de las personas que son contrarias a la vida del evangelio. Donde debería haber perdón, se verá amargura; donde debería haber paz, se verá ira; donde debería haber fe, se verá ansiedad; donde debería haber unidad, se verán y oirán rumores; donde debería haber obediencia a Dios, se oirán cuestionamientos como «Señor, ¿y este, ¿qué?» o «Señor, ¿y esta, ¿qué?».

Esta historia final de Juan 21 exhibe el deseo de nuestros corazones, un deseo intenso e incesante. Todos queremos lo que el otro tiene. El temor y la ansiedad empiezan a salir a flote, y entonces no queremos perdernos la oportunidad. Queremos estar seguros de que tenemos a la mano el mejor trato que se nos ofrece. Este problema ha existido desde que la serpiente engañó a Adán y Eva, haciéndoles creer que Dios no les estaba ofreciendo el mejor trato posible (Gn 3.1–6). Por ello, nuestros corazones se cuestionan «¿y este qué?», «¿por qué ella tiene más que yo?», «¿hay más para mí?».

Satisfacer esta codicia constituye una traición al llamado que has recibido en tu vida y una traición contra Dios que te llamó.

Sino líbranos del maligno.

Los predicadores tenemos muchas más razones que la mayoría para protegernos de este peligro. La predicación es un ministerio que coloca a la persona, por decirlo así, en una palestra. Uno se para delante de la gente, luego predica y la gente escucha. Toda la atención gira en torno a nuestra persona. Predicar nos causa satisfacción, pero también es un peligro, pues equivale a colocarse en una postura de poder. El orgullo puede sigilosamente entrar en nuestra alma. El orgullo y la codicia harán que veamos a los demás predicadores como nuestros rivales y no como nuestros hermanos en Cristo. Se nos hará muy difícil alegrarnos por los logros que ellos alcancen. Las palabras de un pastor del siglo XIX aún son válidas para el día de hoy: «Jamás sientas envidia por un predicador popular. Este síntoma es, tristemente, uno de los pecados que asolan nuestra profesión».[68] Añadió, además, que debemos recordar que «aquel [al] que nunca lo tratarías como tu

---

68 Wilcox, *Pastor Amidst His Flock,* 166.

pastor, ha logrado hacer mucho bien a [las] multitudes que tú jamás podrías alcanzar».[69]

Este pecado que asola a los predicadores llama a tu puerta, y tú debes aprender a domarlo. El resentimiento y la envidia también pueden llegar a consumirnos. Vemos un ejemplo de ello en la vida del rey Saúl (1S 18.6–11). Debo reconocer que esta comparación es extrema; pero así era la envidia del rey Saúl por el joven guerrero David, la cual lo llevó a una obsesión demencial. El texto bíblico describe la ira de Saúl como hirviendo a fuego lento, con pensamientos obsesivos, monólogos destructivos e intentos de querer matar a David con una lanza, además de que el mal estaba de su lado. Es obvio que no caeremos en tal bajeza, pero solo nosotros conocemos nuestros propios pensamientos secretos que nos asolan cuando vemos a otra persona como nuestro rival. Solo nosotros conocemos los pensamientos que se enganchan en nuestro corazón como si fueran anzuelos. Solo nosotros conocemos todo ello, y Dios. Y Él es capaz de ver las lanzas que arrojamos contra los demás: «Señor, ¿y este, qué? ¿y esta, qué?».

Sino líbranos del maligno.

Considera las ocasiones en las que el apóstol Pablo tuvo que encarar estos asuntos. Se tuvo que enfrentar a rivales envidiosos por todas las iglesias donde iba (p. ej., 2Co 10–12.10; Gá 1.6–9; Fil 1.15–18); sin embargo, supo mantener su vista en Cristo y en la predicación del evangelio. Pablo trató todo lo que veía con una sorprendente gracia y se regocijó por lo que realmente valía la pena.

> Es cierto que algunos predican a Cristo por envidia y rivalidad, pero otros lo hacen con buenas intenciones. Estos últimos lo hacen por amor, pues saben que he sido puesto para la defensa del evangelio. Aquellos predican a Cristo por ambición personal y no por motivos puros, creyendo que así van a aumentar las angustias que sufro en mi prisión. ¿Qué importa? Al fin y al cabo, y sea como sea, con motivos falsos o con sinceridad, se predica a Cristo. Por eso me alegro; es más, seguiré alegrándome. (Fil 1.15–18)

---

[69] Wilcox, 166.

Espero que esta conocida historia de aquellos dos grandes predicadores ingleses del siglo xviii, John Wesley y George Whitefield, nos sirva de inspiración:

> Es bien sabido por el registro histórico que estos dos grandes evangelistas ingleses, John Wesley y George Whitefield, no estaban de acuerdo en cuestiones doctrinales. Ambos habían logrado tener mucho éxito y habían logrado predicar a miles de personas, viendo a multitudes llegar a los pies de Cristo. Se dice que alguien le preguntó a Wesley si anticipaba ver a Whitefield en el cielo, a lo que el evangelista respondió: «No; no espero verlo».
>
> —Entonces, ¿usted no cree que Whitefield sea creyente?
>
> —¡Claro que sí creo que es creyente! —dijo Wesley—, pero no espero verlo en el cielo, porque Whitefield estará tan cerca del trono de Dios y yo tan lejos que me será imposible verlo».[70]

Aquí nadie arroja lanzas contra los demás.

Tú predicas por causa de la palabra y la obra de Dios en tu vida. Dónde y cuándo predicas se debe a la voluntad de Dios y la disposición que tenga la gente a escucharte. Jesús te dijo «sígueme» y tu ministerio de predicación es parte de tu respuesta.

¿Estás satisfecho con tu respuesta? O, como dice el profeta Zacarías, «se alegrarán los que menospreciaron los días de los modestos comienzos» (Zac 4.10). ¿Añoras predicar a grandes multitudes? ¿Quizá para que logres ser más famoso?

El pastor y escritor Eugene Peterson aborda este tema de la siguiente manera:

> Me ha sucedido varias veces, cuando mi situación me ha parecido inadecuada para la visión que tengo respecto a lo que quiero hacer para Dios, una historia ha permitido que me ubique bien. Se trata de la historia de Gregorio de Nisa, que vivió en Capadocia en el siglo cuarto. Su hermano mayor,

---

[70] Wiersbe, *Be Joyful,* 44.

Basilio, que fue obispo, hizo los arreglos para que Gregorio fuese nombrado obispo de un pequeño pueblo, desconocido y sin importancia alguna, el pueblo de Nisa. Gregorio no estuvo de acuerdo con aquella decisión. No quería quedarse atascado en un lugar remoto y olvidado. Su hermano le dijo que no quería que Gregorio obtuviese fama y distinción de esta iglesia, sino que él le otorgara fama y distinción a ella. Gregorio obedeció y se marchó a vivir a aquel lugar. Y se quedó allí toda una vida. La predicación y los escritos que realizó en aquel pueblo olvidado continúan con su estimulante influencia hasta el día de hoy.[71]

En su lecho de muerte, un famoso rabino llamado Zusha (1718–1800) lloraba y decía lo siguiente: «Cuando tenga que presentarme delante del tribunal celestial [Dios], no se me preguntará que por qué no he sido Abraham, Jacob o Moisés. Se me preguntará que por qué no fui Zusha».[72] Le afligía la posibilidad de que no hubiese logrado vivir según el llamado de Dios o según la persona a la que Dios lo creó para vivir.

Quizá tú necesites lo mismo que Pedro recibió aquel día, descrito en Juan 21. Luego del incidente que hemos estado estudiando, Jesús volvió a recalcar su llamado: «Tú sígueme nomás» (Jn 21.22). ¿Le has quitado la mirada a Jesús y has empezado a ver a esta o aquella persona? Quizá has estado preguntándole al Señor por sus planes para aquellas personas en vez de hacerlo respecto a tu propia persona. Quizá la única respuesta que conseguirás es un fuerte recordatorio de tu llamado de Dios: «¿a ti qué? Tú sígueme nomás».

Una de las mejores maneras de volver a escuchar aquel llamado es pidiéndole a Dios en oración: «Sino líbranos del maligno».

Reflexión

¿Sientes envidia por el ministerio de alguien? Presta atención a las palabras de Jesús: «¿a ti qué? Tú sígueme nomás».

Oración

Sino líbranos del maligno.

---

71 Peterson, *Christ Plays*, 73–74.
72 Wiesel, *Souls on Fire*, 120.

Epílogo

Este libro empezó con la historia del capitán Richard Crespigny, piloto de Qantas, y la manera en que logró aterrizar a salvo una aeronave averiada, salvando así a más de 460 pasajeros y a la tripulación. Su historia sirve de ejemplo respecto a lo que puede lograr una buena formación y un buen fundamento en la vida, lo cual, en este caso, le permitió al capitán actuar con valentía y dominio de la nave en momentos de crisis. Sin embargo, hubo un momento en el que el avión corrió el riesgo de estrellarse. Crespigny narra que su copiloto los salvó de cometer un error fatal.

El copiloto en aquel vuelo era el primer oficial Matt Hicks. En medio de la crisis, la tarea de este era leer en voz alta la lista de verificación para casos de emergencias. Mientras ello sucedía, la tripulación de vuelo debía hacer los ajustes necesarios para mantener al avión en vuelo. Leyó más de cien puntos de la lista, por lo que, cuando se preparaban para aterrizar, casi había perdido la voz y mentalmente estaba exhausto. Justo antes de aproximarse a la pista del aeropuerto de Changi (Singapur), Crespigny se concentró en dar un largo mensaje a los pasajeros, mientras Hicks tomaba los controles del avión. Había dos capitanes más en la cabina durante toda esta crisis. A estas alturas, estos dos capitanes calculaban la velocidad de aproximación para que este avión dañado pudiera aterrizar a salvo. Usaban un programa de cómputo e iban informando a Hicks la velocidad de vuelo. Crespigny narra lo que sucedió luego:

> Me volví a unir a la tripulación justo cuando Dave y Harry [los otros dos capitanes] nos proveían la información de vuelo. Pude oír que se le pidió a Matt que ingresara los datos de la velocidad

de aproximación a 145 nudos [...] Con su mano izquierda empezó a ingresar los datos en el teclado numérico, pero se detuvo y pensó. Giró su cabeza hacia la izquierda y me dio una mirada de duda diciéndome: «¡Imposible que sean 145 nudos, es demasiado lento!».

Matt estaba en lo correcto. A 145 nudos [...] el avión se habría desplomado. Matt estaba completamente acertado. Luego de una larga hora de crisis [...] con listas de verificación, casi sin voz y con una mente exhausta, aún le quedaba lucidez y sentido común para darse cuenta de aquel error que los demás no pudimos detectar. Los pilotos cometemos errores y no somos tan rápidos como las computadoras. Pero los pilotos tenemos la capacidad de *tomar decisiones* en el momento. Fue un momento brillante para Matt.[73]

Este copiloto, que era el más joven de toda la tripulación, cuestionó la decisión que tomaron dos capitanes y una computadora. Al hacerlo, pudo salvar a los pasajeros y la tripulación; sin embargo, los detalles de su vida no aparecen en el libro sobre el vuelo QF32. ¿Me pregunto qué formación y fundamento logró durante su vida para que llegase a aquel «momento brillante»? Su participación en la historia del libro la enriquece y la expande, pues la abre de una manera imprevista a más reflexión y admiración.

Lo mismo sucede con tu propia historia en este mundo. Quizá no sea ampliamente conocida, pero tu Padre celestial la conoce muy bien. Y tu historia en Cristo puede, de una manera imprevista, abrir nuevas oportunidades para que otros experimenten cambios en sus vidas.

Me pregunto también qué formación y fundamento se están desarrollando en tu vida por medio del Espíritu y los efectos del Padrenuestro. Ahora que, poco a poco y en oración, te has relacionado con esta oración, me pregunto qué dones y características tuyas están siendo perfeccionadas por la amorosa obra de Dios. Me pregunto en qué clase de predicador estás siendo formado y hacia dónde estás siendo llamado. Me pregunto en qué obras de salvación y redención

---

[73] Crespigny, *QF32*, 229–230. Énfasis en el original.

Cristo desea incluirte por medio de la predicación, ahora que has decidido involucrarte en la oración y en el servicio a este mundo.

Luego de haber escuchado el Padrenuestro por medio de la vida, la muerte y la resurrección de Jesús, esta oración ha empezado a resonar en tu vida para que los demás la oigan. El sonido del Padrenuestro resuena cada vez más.

> Padre nuestro que estás en el cielo,
>> santificado sea tu nombre,
>> venga tu reino,
>> hágase tu voluntad
>>> en la tierra como en el cielo.
>> Danos hoy nuestro pan cotidiano.
>> Perdónanos nuestras deudas,
>>> como también nosotros hemos perdonado a
>>>> nuestros deudores.
>> Y no nos dejes caer en tentación,
>> sino líbranos del maligno

Bibliografía

Bailey, Kenneth E.

    1992   *Finding the Lost: Cultural Keys to Luke 15*. St. Louis: Concordia Publishing House.

Briggs, J. R.

    2014   *Fail: Finding Hope and Grace in the Midst of Ministry Failure*. Downers Grove: InterVarsity Press.

Carson, Don

    2012   *The Gospel According to John*. Leicester: Inter-Varsity, 1991. Crespigny, Richard de. QF32. Sydney: Pan Macmillan.

Fee, Gordon D.

    1994   *God's Empowering Presence: The Holy Spirit in the Letters of Paul*. Peabody: Hendrickson.

Fee, Gordon D. y Douglas Stuart

    2014   *How to Read the Bible for All Its Worth*. 4th ed. Grand Rapids: Zondervan.

Gine, Pratap C. y Jacob Cherian

    2015   "John." En *South Asia Bible Commentary: A One-Volume Commentary on the Whole Bible*, editado por Brian Wintle, 1386–1448. Rajasthan: Open Door.

Green, Joel B.

    1987   *The Gospel of Luke*. NICNT. Grand Rapids: Eerdmans.

Harris, Murray

    2016   *The Seven Sayings of Jesus on the Cross: Their Circumstances and Meaning*. Eugene: Cascade.

Heschel, Abraham

    2010   *I Asked for Wonder: A Spiritual Anthology*. Editado por Samuel H. Dresner. New York: Crossroad.

Hussey, Ian y Alan Demond

    2018   "Vulnerability in Preaching: How Far Is Not Far Enough?" *Journal of the Evangelical Homiletics Society* 18, no. 2 (September): 5–20.

Johnson, Darrell W.

    2005   *Fifty-Seven Words that Change the World: A Journey Through the Lord's Prayer.* Vancouver: Regent College Publishing.

Keener, Craig S.

    1999   *A Commentary on the Gospel of Matthew.* Grand Rapids: Eerdmans.

Kunst, Judith M.

    2006   *The Burning Word: A Christian Encounter with Jewish Midrash.* Brewster: Paraclete Press.

Larsen, David L.

    1989   *The Anatomy of Preaching: Identifying the Issues in Preaching Today.* Grand Rapids: Baker.

Marcus, Joel

    2009   *Mark 8–16.* Anchor Yale Bible. New Haven: Yale University Press.

Meyer, F. B.

    1910   *At the Gates of Dawn.* London: Kingsgate Press.

Morris, Leon

    1974   *Luke.* Tyndale New Testament Commentary. London: IVP.

Nieman, James R.

    2005   "Preaching that Drives People from the Church." En *A Reader on Preaching: Making Connections*, editado por David Day, Jeff Astley, y Leslie J. Francis, 247–254. Aldershot: Ashgate.

Peterson, Eugene

    2005   *Christ Plays in Ten Thousand Places.* London: Hodder & Stoughton.

    1992   *Under the Unpredictable Plant: An Exploration in Vocational Holiness.* Grand Rapids: Eerdmans.

Robinson, George

    2000   *Essential Judaism: A Complete Guide to Beliefs, Customs, and Rituals.* New York: Atria.

Ross, Maggie

    2014   *Silence: A User's Guide.* Vol. 1, Process. London: Cascade.

Rutledge, Fleming

    2005   *The Seven Last Words from the Cross.* Grand Rapids: Eerdmans.

Scaer, David P.

    2000   *The Sermon on the Mount: The Church's First Statement of the Gospel.* St Louis: Concordia.

Simon, Arthur

2003   *How Much Is Enough? Hungering for God in an Affluent Culture.*
        Grand Rapids: Baker Books.

Stewart, James S.

1946   *Heralds of God.* New York: Charles Scribner's Sons.

Stott, John

2008   *The Last Word: Reflections on a Lifetime of Preaching.* Milton Keyes:
        Authentic Media.

2000   *Sermon on the Mount.* Downers Grove: InterVarsity Press.

Takatemjen

2015   "Luke." En *South Asia Bible Commentary: A One-Volume Commentary
        on the Whole Bible,* editado por Brian Wintle, 1327–1385. Rajasthan:
        Open Door.

Tozer, A. W.

1987   *The Knowledge of the Holy.* Bromley: OM Publishing.

Wiersbe, Warren

2008   *Be Joyful (Philippians): Even When Things Go Wrong, You Can Have
        Joy.* 2.ª ed. Colorado Springs: David C. Cook.

Wiesel, Elie

1972   *Souls on Fire: Portraits and Legends of Hasidic Masters.* New York:
        Simon & Schuster.

Wilcox, G. B.

1890   *The Pastor Amidst His Flock.* New York: American Tract Soc.

Sociedad Langham

La Sociedad Langham es una comunidad mundial que trabaja con el ánimo de cumplir la visión que Dios encomendó a su fundador, John Stott, consistente en:

facilitar el crecimiento de la iglesia en madurez y en semejanza a Cristo, elevando los niveles de predicación y enseñanza bíblica.

Nuestra visión es ver que las iglesias del mundo mayoritario estén equipadas para la misión y creciendo hacia la madurez en Cristo a través del ministerio de sus pastores y líderes, quienes creen, enseñan y viven por la Palabra de Dios.

Nuestra misión es fortalecer el ministerio de la Palabra de Dios:
- fortaleciendo movimientos nacionales de predicación bíblica;
- favoreciendo la creación y distribución de literatura evangélica; y
- elevando el nivel de la educación teológica evangélica, especialmente en países donde las iglesias carecen de recursos.

Nuestro ministerio

Langham Predicación se asocia con líderes nacionales que estimulan movimientos locales de predicación bíblica para pastores y predicadores laicos en el mundo entero. Con el apoyo de un equipo de capacitadores provenientes de diversos países, se desarrolla un programa de seminarios a diversos niveles que proveen capacitación práctica, al cual le sigue un programa que busca formar facilitadores locales. Los grupos locales de predicación (escuelas de expositores) y las redes nacionales y regionales se encargan de dar continuidad a los programas e impulsar su desarrollo ulterior con el fin de construir un movimiento vigoroso comprometido con la exposición bíblica.

Literatura Langham provee a los pastores, seminarios y académicos del mundo mayoritario libros evangélicos y recursos electrónicos mediante becas, descuentos y mecanismos de distribución. El programa también auspicia la producción de literatura evangélica para pastores en diversos idiomas a través de talleres para escritores y editores, respaldo a la tarea literaria, traducciones, fortalecimiento de las casas editoriales evangélicas e inversiones en proyectos regionales de literatura, tales como el *Comentario Bíblico Contemporáneo*.

Langham Becas provee apoyo financiero para estudiantes evangélicos a nivel doctoral provenientes del mundo mayoritario, de tal manera que, una vez que regresen a sus países, puedan capacitar pastores y a otros líderes cristianos brindándoles una sólida formación bíblica y teológica. Éste es un programa que equipa a quienes van a equipar a otros. *Langham Becas* trabaja igualmente con seminarios del mundo mayoritario fortaleciendo su educación teológica. Un número creciente de académicos de *Langham Becas* estudia en programas doctorales de alta calidad en reconocidos centros del mundo mayoritario. Además de formar a la siguiente generación de pastores, los graduados de *Langham Becas* ejercen una influencia significativa a través de sus escritos y su liderazgo.

Para obtener más información sobre la *Sociedad Langham* y el trabajo que desarrollamos visítenos en www.langham.org.